高等职业技术院校规划教材——道路与桥梁工程类

道路工程试验与检测配套学习材料

主　编　樊兴华　刘超群
参　编　黄　娟　李　刚　欧阳志　张小利　刘　群

西南交通大学出版社
·成都·

图书在版编目（CIP）数据

道路工程试验与检测配套学习材料 / 樊兴华，刘超群主编. —成都：西南交通大学出版社，2015.2
（2019.1 重印）
高等职业技术院校规划教材. 道路与桥梁工程类
ISBN 978-7-5643-3730-8

Ⅰ.①道… Ⅱ.①樊… ②刘… Ⅲ.①道路试验－检测－高等职业教育－教学参考资料 Ⅳ.①U416.03

中国版本图书馆 CIP 数据核字（2015）第 027103 号

高等职业技术院校规划教材——道路与桥梁工程类

道路工程试验与检测配套学习材料
主编　樊兴华　刘超群

责 任 编 辑	孟苏成
封 面 设 计	何东琳设计工作室
出 版 发 行	西南交通大学出版社 （四川省成都市二环路北一段 111 号 西南交通大学创新大厦 21 楼）
发行部电话	028-87600564　028-87600533
邮 政 编 码	610031
网　　　址	http://www.xnjdcbs.com
印　　　刷	成都蓉军广告印务有限责任公司
成 品 尺 寸	185 mm × 260 mm
印　　　张	14.25
字　　　数	358 千
版　　　次	2015 年 2 月第 1 版
印　　　次	2019 年 1 月第 2 次
书　　　号	ISBN 978-7-5643-3730-8
定　　　价	34.00 元

课件咨询电话：028-87600533
图书如有印装质量问题　本社负责退换
版权所有　盗版必究　举报电话：028-87600562

续表

教学进程		学习目标（参考）
学习情境	任务	
学习情境 3：路面检测	学习情境 3.2：路面现场检测	任务 3.2.1 路面平整度检测	1. 会用 3 m 直尺测定路面平整度； 2. 了解连续式平整度仪及其他仪器测定路面平整度的方法
		任务 3.2.2 路面抗滑性检测	1. 会用手工铺砂法和电动铺砂仪测定路面构造深度； 2. 会用摆式仪测定路面摩擦系数
		任务 3.2.3 路面渗水检测	会用渗水仪测定沥青路面的渗水系数
学习情境 4：桥梁检测		任务 4.1 回弹法对水泥混凝土强度检测	能够使用回弹仪进行水泥混凝土强度检测
		任务 4.2 地基承载力检测和钻孔灌注桩检测	了解地基承载力和钻孔灌注桩的各项检测
		任务 4.3 桥梁上部结构检测和桥梁荷载试验	了解桥梁上部结构检测和荷载试验的检测
学习情境 5：隧道检测		任务 5.1 喷射混凝土质量检测和锚杆检测	了解喷射混凝土质量和锚杆检测方法
		任务 5.2 围岩周边位移量检测和拱顶下沉量检测	了解围岩周边位移量检测和拱顶下沉量检测方法
学习情境 6：试验检测资料的整理和归档		任务 6.1 试验检测资料的整理和归档	1. 了解试验检测制度； 2. 了解文件资料管理制度； 3. 会建立项目试验室的主要质量记录、报告； 4. 掌握试验检测资料的标准化管理； 5. 掌握施工试验检测资料的编制、组卷

  本书在编写过程中，得到陕西铁路工程职业技术学院的大力支持和帮助，在此，向关心、支持和帮助本书编写的有关领导和专家致以衷心的感谢。

  由于编者水平所限，书中难免有缺点和不足之处，敬请读者批评指正。

  同时，欢迎读者关注本课程的教学网址并提出宝贵意见：
http://jiaoxue.sxri.net/suite/solver/classView.do?classKey=73444&menuNavKey=73444

编 者
2015 年 1 月

前 言

"道路工程试验检测技术"是高等职业院校土木工程领域中道路桥梁工程技术、工程监理、工程检测等专业的主要专业课。

本书为主教材《道路工程试验与检测》的配套学习资料。主要包括教学设计、学生学习任务工作单、考核评价、试验指导书及报告、习题，并附有可供参考的课程标准。编写中以我国最新出版的有关技术标准、规程和规范为依据，结合高等职业技术教育的特点，重点突出行业岗位群对从业人员知识结构和职业能力的要求，充分体现高等职业技术教育的特点。其主要内容及学习目标如下：

学习情境	教学进程		学习目标（参考）
	任务		
学习情境1：试验检测数据的处理	任务1.1 试验检测数据的统计分析		1. 了解测量值误差产生的原因、分类和表示的方法； 2. 掌握抽样检验的方法； 3. 会进行试验检测数据的统计分析
	任务1.2 试验检测数据的处理和表达		能够进行数据的处理和表达
学习情境2：路基检测	任务2.1 土的击实		会进行土的含水率和击实试验
	任务2.2 路基压实度检测		1. 会使用环刀法测定路基压实度； 2. 会使用挖坑灌砂法测定路基压实度
	任务2.3 路基强度检测		会使用CBR法测定路基强度
	任务2.4 路基弯沉检测		了解采用贝克曼梁测定路面回弹弯沉的方法
学习情境3：路面检测	学习情境3.1：路面材料检测	任务3.1.1 活性氧化钙、氧化镁含量测定	能够进行活性氧化钙、氧化镁含量测定
		任务3.1.2 水泥或石灰稳定土中石灰水泥剂量测定	能够进行水泥或石灰稳定土中石灰水泥剂量测定
		任务3.1.3 无机结合料稳定类材料的含水率和击实试验	能够进行无机结合料稳定类材料的含水率和击实试验
		任务3.1.4 无机结合料稳定类材料无侧限抗压强度测定	能够进行无机结合料稳定类材料无侧限抗压强度测定

目 录

学习情境 1　试验检测数据的处理 ·· 1

　　任务 1.1　试验检测数据的统计分析 ··· 1
　　任务 1.2　试验检测数据的处理和表达 ··· 9

学习情境 2　路基检测 ·· 17

　　任务 2.1　土的击实 ··· 17
　　任务 2.2　路基压实度检测 ··· 27
　　任务 2.3　路基强度检测 ·· 42
　　任务 2.4　路基弯沉检测 ·· 54

学习情境 3　路面检测 ·· 65

　学习情境 3.1　路面材料检测 ·· 65

　　任务 3.1.1　活性氧化钙、氧化镁含量测定 ·· 65
　　任务 3.1.2　水泥或石灰稳定土中石灰水泥剂量测定 ···························· 76
　　任务 3.1.3　无机结合料稳定类材料的含水率和击实试验 ······················· 86
　　任务 3.1.4　无机结合料稳定类材料无侧限抗压强度测定 ······················ 102

　学习情境 3.2　路面现场检测 ··· 120

　　任务 3.2.1　路面平整度检测 ··· 120
　　任务 3.2.2　路面抗滑性检测 ··· 129
　　任务 3.2.3　路面渗水检测 ·· 138

学习情境 4　桥梁检测 ··· 146

　　任务 4.1　回弹法对水泥混凝土强度检测 ··· 146
　　任务 4.2　地基承载力检测和钻孔灌注桩检测 ··································· 159

任务 4.3　桥梁上部结构检测和桥梁荷载检测……………………………………………172

学习情境 5　隧道检测……………………………………………………………………181

　　任务 5.1　喷射混凝土质量检测和锚杆检测………………………………………………181

　　任务 5.2　围岩周边位移量检测和拱顶下沉量检测………………………………………190

学习情境 6　试验检测资料的整理和归档…………………………………………………201

　　任务 6.1　试验检测资料的整理和归档……………………………………………………201

附录　"道路工程试验与检测"课程标准…………………………………………………209

学习情境 1　试验检测数据的处理

学习情境描述：
　　引导学生根据一系列试验检测原始数据进行统计处理和表达，从而掌握试验检测数据的正确统计、分析、处理和表达方法。

任务 1.1　试验检测数据的统计分析

学习目标：
　1. 了解测量值误差产生的原因、分类和表示的方法；
　2. 掌握抽样检验的方法；
　3. 会进行试验检测数据的统计分析。

教学设计

学习情境 1　试验检测数据的处理			总学时	4
任务 1.1　试验检测数据的统计分析			学　时	2
分组情况	大组：5 组		每组（人）	8～9
	小组：10 组			4～5
教学目标	知识目标	1. 能够进行各种试验数据的计算和处理工作，并能得出准确的结论		
	能力目标	1. 具备独立学习、获取新知识的能力，有一定的逻辑思维能力、分析问题和解决问题的能力；		
		2. 具备与人交往、团队协作的能力，养成科学严谨的态度		
学习内容	1. 了解测量值误差产生的原因、分类和表示方法；			
	2. 掌握抽样检验的方法；			
	3. 会进行试验检测数据的统计分析			
教学方法	案例教学法、项目教学法、小组讨论法、引导文法、实践操作法			
教学资源	1. 樊兴华，《道路工程试验与检测》多媒体课件；			
	2. 刘超群，《道路工程试验与检测》任务工作单；			

教学资源	3．案例：一组试验检测数据的统计分析、处理和表达； 4．刘超群主编，《道路工程试验与检测》，西南交通大学出版社，2014.8（参考书）
需导入的技术标准	《数值修约规则与极限数值的表示和判定》（GB/T 8170—2008）[S]．北京：中华人民共和国国家质量监督检验检疫总局、中国国家标准化管理委员会发布，2008.
教学条件	一体化教室、计算器、可以上网查资料的电脑工作台、有关规范和规程

重点： 1．测量值误差产生的原因、分类和表示方法； 2．试验检测数据的统计分析 难点：试验检测数据的统计分析	解决方案： 采用任务驱动的教学方法，给学生提供一组试验检测原始数据，要求对这些数据进行取舍判断后，对试验检测数据进行统计分析
学生应具备的知识能力与素质	学生应具备概率与数理统计的相关知识
对教师的能力要求	1．课程相关的专业能力； 2．组织课堂的能力； 3．项目任务设计能力、项目组织经验、生产组织能力、协调与沟通能力等方法能力和社会能力

教学组织实施	1．下发学习任务工作单：先期给学生下发学习任务工作单，学生利用课余时间，利用教材、网络、参考资料等预习相关内容。 2．讲授新课：测量值误差产生的原因、分类和表示的方法；抽样检验的方法；试验检测数据的统计分析方法。 3．项目准备：将全班学生以每组4~5人或8~9人进行分组，每组选出负责人1名。 4．下发任务：给学生提供一组试验检测原始数据，要求对这些数据进行取舍判断后，计算算术平均值、中位数、极差、标准偏差和变异系数，并按要求的保证率计算其代表值。 5．制订计划：各小组负责人督促本组成员完成项目计划，并对小组成员进行任务分工。 6．项目实施：各小组长组织本小组同学讨论，确定计算办法；教师进行巡查，了解每小组的实施进度，督促各小组成员按计划积极参与任务的完成；各小组成员按分工的任务积极完成；教师对学生提出的问题进行指导，激发学生的学习动力；组长负责计算成果的汇总，并形成汇报材料。 7．项目展示：每个小组派一名代表对本组分析处理的过程、方法和结果进行相关说明，并接受其他组同学的提问。 8．项目评价：每个小组发放一份考核评价表，对除本组之外的其他组进行客观的评分。 9．教师点评：教师对每个小组的作品进行点评，充分肯定每个小组的成果，同时指出其存在的不足和需要改进的思路和方法，使学生能够真正有所提高，达到正确处理试验检测数据的能力。 10．项目完善：每组继续修改各自的试验数据，以进一步提高自身的操作水平

学生学习任务工作单

学习领域	道路工程试验与检测	
学习情境	学习情境1　试验检测数据的处理	
任　务	任务1.1　试验检测数据的统计分析	
班　级		
班　级		
学习小组		学习小组

任务描述

通过本学习情境的学习，要求学生能够做到：
1. 了解测量值误差产生的原因、分类和表示的方法；
2. 掌握抽样检验的方法；
3. 会进行试验检测数据的统计分析。

引导文

【基础知识的认知】

1. 什么是误差？误差的表示方法有哪两种？各有什么特点？

2. 说明误差产生的原因及误差的分类。含有哪种误差的测量数据是不能采用的，必须利用一定的准则从测得的数据中剔除？

3. 分析：若一批水泥有100包，抽查了200个试样做试验，则何为总体？何为样本？

4. 检验可以分为全数检验和抽样检验，何谓抽样检验？简单表述其评定原理。

5. 用图形表示并说明何谓正态分布、t 分布。

【动手能力的训练】

1. 用毫米钢尺测量某水泥路面结构层的厚度为 60 mm，且已知钢尺的最大绝对误差为 0.5 mm，计算此结构层的真正厚度是多少？相对误差是多少？

2. 分析：假如有一批设备，共 100 箱，每箱 10 件，要从中选择 100 个样品，一般有哪几种抽样检验的方法？

3. 某路段路基施工质量检查中，用标准轴载测得 10 点的弯沉值（单位 0.01 mm）分别为 101、100、102、110、95、98、93、96、103、104。计算该路段路基弯沉值的算术平均值、中位数、极差、标准偏差和变异系数，并计算该路段的代表弯沉值（保证率系数 Z_a=2.0）。

4. 若甲路段沥青混凝土面层的摩擦系数的标准偏差为 4.13（摆值），变异系数为 7.48%；乙路段的摩擦系数的标准偏差为 4.27（摆值），变异系数为 7.02%。比较两路段的面层抗滑稳定性。

5. 检查某路段路基压实度，共检测 30 点，得压实度平均值 $\bar{k}$ =93.5%，标准偏差 S=3.0%，现推定其保证率为 99%的平均值单边下置信区间。

请结合自己的认识，说出对试验与检测数据处理学习情境的其他说明，列写出你们小组提出的其他问题：

任务学习其他说明或建议：

指导教师评语：

任务完成人签字： 日期： 年 月 日
指导教师签字： 日期： 年 月 日

考核评价表

学习领域课程	道路工程试验与检测		学时：64学时	
学习情境1	试验检测数据的处理		学时：4学时	
任务1.1	试验检测数据的统计分析		学时：2学时	
班　级		姓　名		
学习小组		工作时间		

	评价指标	分值	学生自评	组员互评	教师评价
自主学习	1．是否课前预习	5			
	2．主动学习，积极分析	10			
	3．查阅资料、获取信息	10			
职业素养	4．团队意识、协作精神及对小组的贡献	5			
	5．沟通及表达能力	5			
知识掌握程度	6．回答问题的准确性	5			
	7．小组讨论发言的积极性	10			
	8．学生提问的深度、积极性	10			
	9．汇报完整、思路清晰	10			
实践能力	10．得出数据的正确性	10			
	11．数据资料的完整性	10			
	12．数据资料的改进	10			
	小计	100			

课外作业

学习领域	道路工程试验与检测
学习情境	情境1 试验检测数据的处理
任务	任务1.1 试验检测数据的统计分析

课外作业

一、选择题

1. 同一试验中，重复性试验允许差比再现性试验允许差（　　）。
   A. 大　　　　B. 小　　　　C. 不能相比　　　　D. 相等

2. 用 n 表示检测次数，S 表示标准偏差、$\bar{x}$ 表示平均值，则变异系数 C_V 为（　　）。
   A. $\dfrac{S}{n}$　　　　B. $\dfrac{n}{S}$　　　　C. $\dfrac{S}{\bar{x}}$　　　　D. $\dfrac{\bar{x}}{S}$

3. 不属于表示数据离散程度的统计特征量是（　　）。
   A. 标准偏差　　B. 变异系数　　C. 中位数　　D. 极差

4. 反映数据离散程度的统计特征量有（　　）。
   A. 中位数　　B. 极差　　C. 标准偏差　　D. 变异系数

5. 反映数据集中位置的统计特征量有（　　）。
   A. 标准偏差　　B. 平均值　　C. 极差　　D. 中位数

6. 正态分布曲线的位置参数和形状参数分别为（　　）。
   A. 平均值，变异系数　　　　B. 中位数，标准偏差
   C. 中位数，变异系数　　　　D. 平均值，标准偏差

7. 表示数据集中位置的统计特征量有（　　）。
   A. 标准偏差　　B. 极差　　C. 平均值　　D. 中位数

8. 含有（　　）误差的测量数据是不能采用的。
   A. 系统　　B. 随机　　C. 过失　　D. 偶然

9. 公路工程质量检验的随机抽样方式常采用（　　）。
   A. 单纯随机抽样　　B. 密集群抽样　　C. 系统抽样　　D. 分层抽样

10. （　　）可能引起系统误差。
    A. 判断误差　　B. 环境变化　　C. 干扰　　D. 仪器校准误差

11. "评定标准"规定，如果高速公路土方路基路床的压实度标准为95%，则单点的极值标准为（　　）。
    A. 95%　　B. 93%　　C. 90%　　D. 88%

12. （　　）为表示数据集中程度的统计特征量。
    A. 平均值　　B. 中位数　　C. 极差　　D. 标准偏差

13. （　　）是正态分布函数的位置参数。
    A. 标准偏差　　B. 变异系数　　C. 平均值　　D. 中位数

14. 肖维纳特法假定测量结果服从正态分布，根据（　　）来确定可疑数据的取舍。

A. 测量值　　　　B. 试验次数　　　　C. 标准偏差　　　　D. 平均值
15. （　　）是正态分布函数的形状参数。
　　　A. 标准偏差　　　B. 极差　　　　　C. 平均值　　　　　D. 中位数
16. 如果对某测量值进行了 20 次重复测定，其平均值为 2，标准偏差为 1，则该组测定值的变异系数为（　　）。
　　　A. 50%　　　　　B. 200%　　　　　C. 5%　　　　　　D. 10%
17. 正态分布函数的标准偏差越大，表示随机变量在（　　）附近出现的密度越小。
　　　A. 总体平均值　　B. 样本平均值　　C. 总体中位数　　　D. 样本中位数
18. 如果已知随机变量呈正态分布 $N(0,1)$，则保证率为 50% 的单边置信上限和下限分别为（　　）。
　　　A. 0，1　　　　　B. 1，0　　　　　C. 0，0　　　　　　D. 1，1
19. 用厘米尺量某结构的长度为 50.0 cm，且已知该尺的最大绝对误差为 0.5 cm，则该结构测量的最大绝对误差为（　　）cm。
　　　A. 1.0　　　　　B. 0.5　　　　　C. 2.0　　　　　　D. 5.0
20. 正态分布函数的标准偏差越小，表示随机变量在总体平均值附近出现的密度（　　）。
　　　A. 越大　　　　　B. 越小　　　　　C. 一样　　　　　　D. 不一定
21. 对于 3、3、4 和 5 这 4 个数，则中位数为（　　）。
　　　A. 3　　　　　　B. 3.5　　　　　C. 3.75　　　　　　D. 4.0
22. 如果随机变量服从标准正态分布，则其平均和标准偏差分别为（　　）。
　　　A. 1，0　　　　　B. 0，1　　　　　C. 0，0　　　　　　D. 1，1
23. 相对误差的性质有（　　）。
　　　A. 无单位的　　　　　　　　　　　B. 表示数值的偏离程度
　　　C. 表示误差的大小和方向　　　　　D. 表示数据的精确程度
24. 如果已知变异系数为 10%，平均值为 540.0，则标准偏差为（　　）。
　　　A. 54.0　　　　　B. 5 400.0　　　　C. 539.9　　　　　D. 540.1
25. （　　）可能引起随机误差。
　　　A. 判断误差　　　B. 过失误差　　　C. 视读误差　　　　D. 仪器校准误差

二、填空题
1. 检验方法的精确性是通过其（　　）和（　　）来测量的。
2. 误差有（　　）和（　　）等两类。

三、判断题
1. 标准偏差是反映样本数据的绝对波动状况，而变异系数是反映样本数据的相对波动状况。（　　）
2. 系统抽样、分层抽样属于非随机抽样方法。（　　）
3. 全数检验是抽样检验的极限，但只适用于有限总体和非破坏性试验。（　　）
4. 极差和标准偏差均表示数据的离散程度，但极差比标准偏差利用的数据信息少。（　　）
5. 系统误差表现为在相同条件下，多次重复测试同一量时，出现误差的数值和正负符号有较明显的规律。（　　）
6. 随机误差在试验中无法完全消除，因此，无法得到可靠的数据。（　　）

参考答案

一、选择题

1. B	2. C	3. C	4. BCD	5. BD
6. D	7. CD	8. C	9. ACD	10. D
11. C	12. AB	13. A	14. ABCD	15. A
16. A	17. B	18. A	19. B	20. A
21. B	22. B	23. AD	24. A	25. D

二、填空题

1. 重复性　　再现性
2. 绝对误差　　相对误差

三、判断题

1. √　　2. ×　　3. √　　4. √　　5. √　　6. ×

任务1.2　试验检测数据的处理和表达

学习目标：

1. 能够进行试验检测数据的处理和表达；
2. 掌握有效数字的概念；
3. 掌握数字的修约方法、取舍方法和表达方法。

教学设计

学习情境1	试验检测数据的处理		总学时	4
任务1.2	试验检测数据的处理和表达		学时	2
分组情况	大组：5组	每组（人）	8~9	
	小组：10组		4~5	
教学目标	知识目标	1. 能够进行各种试验数据的计算和处理工作，并能得出准确的结论		
	能力目标	1. 具备独立学习、获取新知识的能力，有一定的逻辑思维能力、分析问题和解决问题的能力； 2. 具备与人交往、团队协作的能力，养成科学严谨的态度		
学习内容	1. 数据的处理方法和表达方法； 2. 有效数字； 3. 数字的修约方法			
教学方法	案例教学法、项目教学法、小组讨论法、引导文法、实践操作法			

教学资源	1. 樊兴华，《道路工程试验与检测》多媒体课件； 2. 刘超群，《道路工程试验与检测》任务工作单； 3. 案例：一组试验检测数据的统计分析、处理和表达； 4. 刘超群主编，道路工程试验与检测，西南交通大学出版社，2014.8（参考书）
需导入的技术标准	《数值修约规则与极限数值的表示和判定》（GB/T 8170—2008）[S].北京：中华人民共和国国家质量监督检验检疫总局、中国国家标准化管理委员会发布，2008.
教学条件	一体化教室、计算器、可以上网查资料的电脑工作台、有关规范和规程
重点： 试验检测数据的处理方法和表达方法； 难点： 试验检测数据的处理方法和表达方法	解决方案： 采用任务驱动的教学方法，给学生提供一组试验检测原始数据，要求对这些数据进行取舍判断后，并对试验检测数据进行处理表达
学生应具备的知识能力与素质	学生应具备概率与数理统计的相关知识
对教师的能力要求	1. 课程相关的专业能力； 2. 组织课堂的能力； 3. 项目任务设计能力、项目组织经验、生产组织能力、协调与沟通能力等方法能力和社会能力
教学组织实施	1. 下发学习任务工作单：先期给学生下发学习任务工作单，学生利用课余时间，利用教材、网络、参考资料等预习相关内容。 2. 讲授新课：数据的处理和表达方法。 3. 项目准备：将全班学生以每组4~5人或8~9人进行分组，每组选出负责人1名。 4. 下发任务：给学生提供一组试验检测原始数据，要求对这些数据进行有效数字的判断，如何进行数字修约，并按要求对可疑数据进行取舍。 5. 制订计划：各小组负责人督促本组成员完成项目计划，并对小组成员进行任务分工。 6. 项目实施：各小组长组织本小组同学讨论，确定计算办法；教师进行巡查，了解每小组的组织进度，督促各小组成员按计划积极参与任务的完成；各小组成员按分工的任务积极完成；教师对实施学生提出的问题进行指导，激发学生的学习动力；组长负责计算成果的汇总，并形成汇报材料。 7. 项目展示：每个小组派一名代表对本组可疑数据取舍的过程、方法和结果进行相关说明，并接受其他组同学的提问。 8. 项目评价：每个小组发放一份考核评价表，对除本组之外的其他组进行客观的评分。 9. 教师点评：教师对每个小组的作品进行点评，充分肯定每个小组的成果，同时指出其存在的不足和需要改进的思路和方法，使学生能够真正有所提高，达到正确处理试验检测数据的能力。 10. 项目完善：除了当前采用的取舍方法，还应比较与其他取舍方法的不同之处，如拉依达法、肖维纳特法、格拉布斯法等，以进一步提高自身的操作水平

学生学习任务工作单

学习领域	道路工程试验与检测		
学习情境	学习情境 1　试验检测数据的处理		
任　务	任务 1.2　试验检测数据的处理和表达		
班　级		姓　名	
学习小组		工作时间	

任务描述

通过本学习情境的学习，要求学生能够做到：
进行数据的处理和表达。

引导文

【基础知识的认知】

1. 举例说明数字修约规则。

2. 测量数据通常有哪 3 种表达方法？

【动手能力的训练】

1. 某新建高速公路路基施工中，对其中某一路段压实质量进行检查，压实度检测结果为：96.6%、95.4%、93.2%、97.6%、96.4%、95.8%、95.9%、96.8%、95.4%、95.9%。按保证率95%计算该路段的代表性压实度，并判断该路段的压实质量是否符合要求（压实度标准为$K_0=95\%$）。

2. 某路段二灰碎石基层无侧限抗压强度试验结果（单位：MPa）为：0.792、0.306、0.968、0.804、0.447、0.894、0.702、0.424、0.498、1.075、0.815，请分别用拉依达法、肖维纳特法和格拉布斯法对上述数据进行取舍判断。

3. 对某路基土进行承载比（CBR）试验，室温为20℃，湿度为70%，测力环检定结果如下表：

指示器示值	检定结果							
	荷载（kN）							
	0	0.75	1.5	2	3	4	5	6	7.5
测力环进程（mm）	1.000	1.178	1.335	1.445	1.661	1.900	2.122	2.350	2.696

要求：计算测力环系数，并检验其线性关系的显著性。

4. 按要求修约下列有效数字：
27.453 7（保留两位小数）：　　　　　355.555（保留整数）：
17.752 8（保留一位小数）：　　　　　29.999 8（保留两位小数）：
10.050 001（保留一位小数）：　　　　27.387 5（保留三位小数）：
22.25（保留一位小数）：

请结合自己的认识，说出对试验与检测数据处理学习情境的其他说明，列写出你们小组提出的其他问题：

任务学习其他说明或建议：

指导老师评语：

任务完成人签字：　　　　　　　　　　日期：　　年　　月　　日
指导老师签字：　　　　　　　　　　　日期：　　年　　月　　日

考核评价表

学习领域课程	道路工程试验与检测		学时:64学时
学习情境1	试验检测数据的处理		学时:4学时
任务1.2	试验检测数据的处理和表达		学时:2学时
班 级		姓 名	
学习小组		工作时间	

	评价指标	分值	学生自评	组员互评	教师评价
自主学习	1. 是否课前预习	5			
	2. 主动学习,积极分析	10			
	3. 查阅资料、获取信息	10			
职业素养	4. 团队意识、协作精神及对小组的贡献	5			
	5. 沟通及表达能力	5			
	6. 回答问题的准确性	5			
知识掌握程度	7. 小组讨论发言的积极性	10			
	8. 学生提问的深度、积极性	10			
	9. 汇报完整、思路清晰	10			
实践能力	10. 得出数据的正确性	10			
	11. 数据资料的完整性	10			
	12. 数据资料的改进	10			
	小计	100			

课外作业

学习领域	道路工程试验与检测
学习情境	情境1 试验检测数据的处理
任务	任务1.2 试验检测数据的处理和表达

课外作业

一、选择题

1. 0.23和23.0两个数的有效数字分别为（　　）个。
   A. 2，2　　　　　　B. 3，3　　　　　　C. 3，2　　　　　　D. 2，3

2. 用贝克曼梁法测定回弹模量时，各测点的测试值取舍的依据是（　　）。
   A. 3倍标准偏差法　　B. 拉依达法　　　　C. 肖维纳特法　　　D. 格拉布斯法

3. 根据数字修约规则，当23.5和24.5修约至"个"数位时，分别为（　　）。
   A. 24，24　　　　　B. 23，24　　　　　C. 23，25　　　　　D. 24，25

4. 可疑数据取舍方法的基本思想是（　　），即认为有限次重复试验条件下，几乎是不可能的，如果试验中出现，就说明该检测数据不可靠，应该舍弃。
   A. 小概率事件　　　B. 大概率事件　　　C. 小数据　　　　　D. 大数据

5. 将15.45修约成三位有效数字，其修约值为（　　）。
   A. 16.0　　　　　　B. 15.4　　　　　　C. 15.0　　　　　　D. 15.5

6. 常用的数据取舍方法有（　　）。
   A. 3倍标准偏差法　　B. 肖维纳特法　　　C. t分布法　　　　D. 格拉布斯法

7. 285.5、286.5修约到"个"数位，其修约值分别为（　　）。
   A. 285、286　　　　B. 286、286　　　　C. 285、287　　　　D. 286、287

8. 格拉布斯法假定测量结果服从正态分布，根据（　　）来确定可疑数据的取舍。
   A. 测量值　　　　　B. 检测次数　　　　C. 标准偏差　　　　D. 平均值

9. 将28.15、28.25修约到一位小数，其修约值分别为（　　）。
   A. 28.1、28.2　　　B. 28.1、28.3　　　C. 28.2、28.2　　　D. 28.2、28.3

10. 如果测量某试件的面积，其测量结果为$S=(0.50150±0.00005)\ m^2$，则该测量结果有（　　）位有效数字。
    A. 3　　　　　　　B. 4　　　　　　　C. 5　　　　　　　D. 6

11. 采用格拉布斯法对某10个数据（23.0，24.5，26.0，25.0，24.8，27.0，25.5，31.0，25.4，25.8）进行数据判别（已知格拉布斯法系数$g(10)=2.18$，$g(9)=2.11$），可以舍弃（　　）个数据。
    A. 0　　　　　　　B. 1　　　　　　　C. 2　　　　　　　D. 3

12. 数据0.000458有（　　）位有效数字。
    A. 6　　　　　　　B. 5　　　　　　　C. 4　　　　　　　D. 3

13. 将0.285修约成两位有效数字后，其修约值为（　　）。
    A. 0.28　　　　　　B. 0.280　　　　　　C. 0.29　　　　　　D. 0.290

二、填空题

1. 修约间隔为 0.1，3.051 的修约值是（   ）；修约间隔为 0.02 和 0.2，0.53 的修约值是（   ）和（   ）。

2. 弯沉检测时，某测点的百分表读数为 62.5（0.01 mm）。终读数为 29.0（0.01 mm），则该测点弯沉值有（   ）个有效数字。

三、判断题

1. 弯沉测定中，当某点的测试值超出 $\bar{L} \pm (2 \sim 3)S$ 时，应将其舍弃。对舍弃的弯沉值过大的点，应找出其周围界限，进行局部处理。（   ）

四、问答和计算题

说明数据的处理中后面是 5 的几种情况修约？

参考答案

一、选择题

1. D   2. C   3. A   4. A   5. B
6. ABD   7. B   8. D   9. C   10. B
11. D   12. D   13. A

二、填空题

1. 3.1 0.52 0.6

2. 3

三、判断题

1. √

四、问答和计算题

答：(1) 若被舍弃数字的最左一位是 5，而且后面的数字并非全部为 0 时，保留的末位数加 1。

(2) 若舍弃数字的最左一位数字为 5，而后面无数字或全部为 0 时，若所保留的末位数为奇数，则进一，为偶数，则舍弃。

16

学习情境 2　路基检测

学习情境描述：
　　引导学生根据试验检测步骤和方法统筹安排路基检测，并对试验检测数据进行分析处理，从而对结果进行质量评定。

任务 2.1　土的击实

学习目标：
1. 会用烘干法测定土的含水率；
2. 会用酒精燃烧法测定土的含水率；
3. 会进行土的击实试验并绘制击实曲线。

教学设计

学习情境 2　路基检测		总学时	14
任务 2.1　土的击实		学　时	4
分组情况	大组：5 组	每组（人）	8~9
	小组：10 组		4~5
教学目标	知识目标	掌握土的含水率试验及路基土的击实试验	
	能力目标	1．具备独立学习、获取新知识的能力，有一定的逻辑思维能力、分析问题和解决问题的能力； 2．具备与人交往、团队协作的能力，养成科学严谨的态度； 3．能够熟练使用击实仪、脱模器、烘箱等试验仪器	
学习内容	1．土的含水率测定； 2．路基土的击实试验		
教学方法	案例教学法、项目教学法、小组讨论法、引导文法、实践操作法		

续表

教学资源	1．樊兴华，《道路工程试验与检测》多媒体课件； 2．刘超群，《道路工程试验与检测》任务工作单； 3．刘超群主编，道路工程试验与检测，西南交通大学出版社，2014.8（参考书）
需导入的技术 标准	1．《公路路基路面现场测试规程》（JTG E60—2008）[S]．北京：中华人民共和国交通运输部发布，2008 2．《公路土工试验规程》（JTG E40—2007）[S]．北京：中华人民共和国交通运输部发布，2007
教学条件	一体化教室、计算器、可以上网查资料的电脑工作台、有关规范和规程

重点： 1．土的含水率试验； 2．路基土的击实试验 难点：试验操作及试验仪器的使用	解决方案： 老师讲解、示范、学生分组练习
学生应具备的知识能力与素质	学生应具备试验操作及试验仪器使用的能力
对教师的能力要求	1．课程相关的专业能力； 2．组织课堂的能力； 3．项目任务设计能力、项目组织经验、生产组织能力、协调与沟通能力等方法能力和社会能力

教学组织实施	1．下发学习任务工作单：先期给学生下发学习任务工作单，学生利用课余时间，利用教材、网络、参考资料等预习相关内容。 2．讲授新课：土的含水率、干密度、土的击实试验操作方法。 3．项目准备：将全班学生以每组4～5人或8～9人进行分组，每组选出负责人1名。 4．下发任务：在规定时间内完成土的含水率及击实试验。 5．制订计划：各小组负责人督促本组成员完成项目计划，并对小组成员进行任务分工。 6．项目实施：各小组长组织本小组同学讨论，确定计算办法；教师进行巡查，了解每个小组的进度，督促各小组成员按计划积极参与任务的完成；各小组成员按分工的任务积极完成；教师对学生提出的问题进行指导，激发学生的学习动力；组长负责计算成果的汇总，并形成汇报材料。 7．项目展示：每个小组派一名代表对本组试验的操作过程和试验数据进行相关说明，并接受其他组同学的提问。 8．项目评价：每个小组发放一份考核评价表，对除本组之外的其他组进行客观的评分。 9．教师点评：教师对每个小组的作品进行点评，充分肯定每个小组的成果，同时指出其存在的不足和需要改进的思路和方法，使学生能够真正有所提高

学生学习任务工作单

学习领域	道路工程试验与检测		
学习情境	学习情境2　路基检测		
任　务	任务2.1　土的击实		
班　级		姓　名	
学习小组		工作时间	

任务描述

通过本学习情境的学习，要求学生能够做到：
1. 掌握土的含水率试验方法；
2. 掌握路基土击实方法。

引导文

【基础知识的认知】

1. 路基土含水率的含义是什么？

2. 路基土含水率的主要测定方法有哪些？

3. 击实试验分几种类型？各有什么规定？

4. 在标准击实试验中准备试样的方法有哪些？

5. 最佳含水率和最大干密度的含义？

【动手能力的训练】

已知盒子的质量为 124 g，湿土与盒的质量为 165 g，烘干后的土与盒的质量为 162 g，试计算该土的含水率？

请结合自己的试   说出对试验与检测数据处理学习情境的其他说明，列写出你们小组提出的其他问题：

任务学习其他建议：

指导教师评语：

任务完成人签字：   日期：   年   月   日
指导教师签字：   日期：   年   月   日

考核评价表

学习领域课程	道路工程试验与检测		学时：64学时		
学习情境2	路基检测		学时：14学时		
任务2.1	土的击实		学时：4学时		
	评价指标	分值	学生自评	组员互评	教师评价
自主学习	1．是否课前预习	5			
	2．主动学习，积极分析	5			
	3．查阅资料、获取信息	10			
职业素养	4．团队意识、协作精神及对小组的贡献	5			
	5．沟通及表达能力	5			
	6．爱护仪器设备、遵守操作规程	10			
知识掌握程度	7．回答问题的准确性	5			
	8．小组讨论发言的积极性	5			
	9．学生提问的深度、积极性	10			
	10．汇报完整、思路清晰	10			
实践能力	11．得出数据的正确性	10			
	12．数据资料的完整性	10			
	13．数据资料的改进	10			
	小计	100			

试验指导书及报告

学习领域	道路工程试验与检测
学习情境	学习情境2 路基检测
任务	任务2.1 土的击实
班级	姓名

一、试验目的和适用范围

1. 本试验方法适用于细粒土。
2. 本试验分轻型击实和重型击实。轻型击实试验适用于粒径不大于20 mm的土，重型击实试验适用于粒径不大于40 mm的土。

二、仪器设备

1. 标准击实仪，轻、重型试验方法和设备的主要参数应符合表2.1规定。

表2.1 击实试验方法与种类

试验方法	类别	锤底直径（cm）	锤质量（kg）	落高（cm）	试筒尺寸			层数	每层击数	击实功（kJ/m³）	最大粒径（mm）
					内径（cm）	高（cm）	容积（cm³）				
轻型	Ⅰ-1	5	2.5	30	10	12.7	997	3	27	598.2	20
	Ⅰ-2	5	2.5	30	15.2	12	2177	3	59	598.2	40
重型	Ⅱ-1	5	4.5	45	10	12.7	997	5	27	2687.0	20
	Ⅱ-2	5	4.5	45	15.2	12	2177	3	98	2677.2	40

2. 烘箱及干燥器。
3. 天平：感量0.01 g；台秤：称量10 kg，感量5 g。
4. 圆孔筛：孔径40 mm、20 mm和5 mm各1个。
5. 拌和工具：400 mm×600 mm、深70 mm的金属盘，土铲。
6. 其他：喷水设备、碾土器、盛土盘、量筒、推土器、铝盒、修土刀、平直尺等。

三、试样

本试验可采用不同的方法准备试样，见表2.2。

表2.2 试料用量

使用方法	类别	试筒内径（cm）	最大粒径（mm）	试料用量（kg）
干土法，试样不重复使用	b	10	20	至少5个试样，每个3
		15.2	40	至少5个试样，每个6
湿土法，试样不重复使用	c	10	20	至少5个试样，每个3
		15.2	40	至少5个试样，每个6

1. 干土法（土不重复使用）。按四分法至少准备 5 个试样，分别加入不同水分（按 2%～3%含水率递增），拌匀后闷料一夜备用。

2. 湿土法（土不重复使用）。对于高含水率土，可省略过筛步骤，用手拣除大于 40mm 的粗石子即可。保持天然含水率的第一个土样，可立即用于击实试验。其余几个试样，将土分成小土块，分别风干，使含水率按 2%～3%递减。

四、试验步骤

1. 根据工程要求，按规定选择轻型或重型试验方法。根据土的性质（含易击碎风化石数量多少，含水率高低）按规定选用干土法（土不重复使用）或湿土法。

2. 将击实筒放在坚硬的地面上，在筒壁上抹一薄层凡士林，并在桶底（小试筒）或垫块（大试筒）上放置蜡纸或塑料薄膜。取制备好的土样分 3～5 次倒入筒内。小筒按三层法时，每次 800～900 g（其量应使击实后的试样等于或略高于筒高的 1/3）；按五层法时，每次 400～500 g（其量应使击实后的试样等于或略高于筒高的 1/5）。对于大试筒，先将垫块放入筒内底板上；按三层法时，每层需试样 1 700 g 左右。整平表面，并稍加压紧，然后按规定的击数进行第一层土的击实，击实时击锤应自由垂直落下，锤迹必须均匀分布于土样面，第一层击实完后，将试样层面"拉毛"，然后再装入套筒，重复上述方法进行其余各土层的击实。小试筒击实后，试样不应高出筒顶面 5 mm；大试筒击实后，试样不应高于筒顶面 6 mm。

3. 用修土刀沿套筒内壁削刮，使试样与套筒脱离后，扭动并取下套筒，齐筒顶细心削平试样，拆除底板，擦净筒外壁，称量，准确至 1 g。

4. 用推土器推出筒内试样，从试样中心处取样测其含水率，计算至 0.1%，测定含水率用试样的数量按表 2.3 规定取样（取出有代表性的土样）。两个试样含水率的精度应符合含水率试验规定。

表 2.3 测定含水量用试样的数量

最大粒径（mm）	试样质量（g）	个 数	最大粒径（mm）	试样质量（g）	个 数
<5	15～20	2	约 20	约 250	1
约 5	约 50	1	约 40	约 500	1

5. 对于干土法（土不重复使用）和湿土法（土不重复使用），将试样搓散，然后按本试验的方法进行洒水、拌和，每次增加 2%～3%的含水率，其中有两个大于和两个小于最佳含水率，所需加水量按下式计算：

$$m_w = \frac{m_i}{1+0.01\omega_1} \times 0.01(\omega - \omega_1)$$

式中：m_w——所需的加水量，g；
m_i——含水率 ω_1 时土样的质量，g；
ω_1——土样原有含水率，%；
ω——要求达到的含水率，%。

按上述步骤进行其他含水率试样的击实试验。

对于干土法（土不重复使用）和湿土法，按前所述准备各个试样，分别按上述步骤进行击实试验。

五、试验结果整理及记录

1. 计算各含水率下的干密度。按下式计算击实后各点的干密度：

$$\rho_d = \frac{\rho}{1+0.01\omega}$$

式中：ρ_d——干密度，g/cm³；
ρ——湿密度，g/cm³；
ω——含水率，%。

2. 求最大干密度和最佳含水率：
图解法（见图 2.1）。以干密度为纵坐标，含水率为横坐标，绘制干密度与含水率的关系曲线，曲线上峰值点的纵、横坐标分别为最大干密度和最佳含水率。如曲线不能绘出明显的峰值点应进行补点或重做。

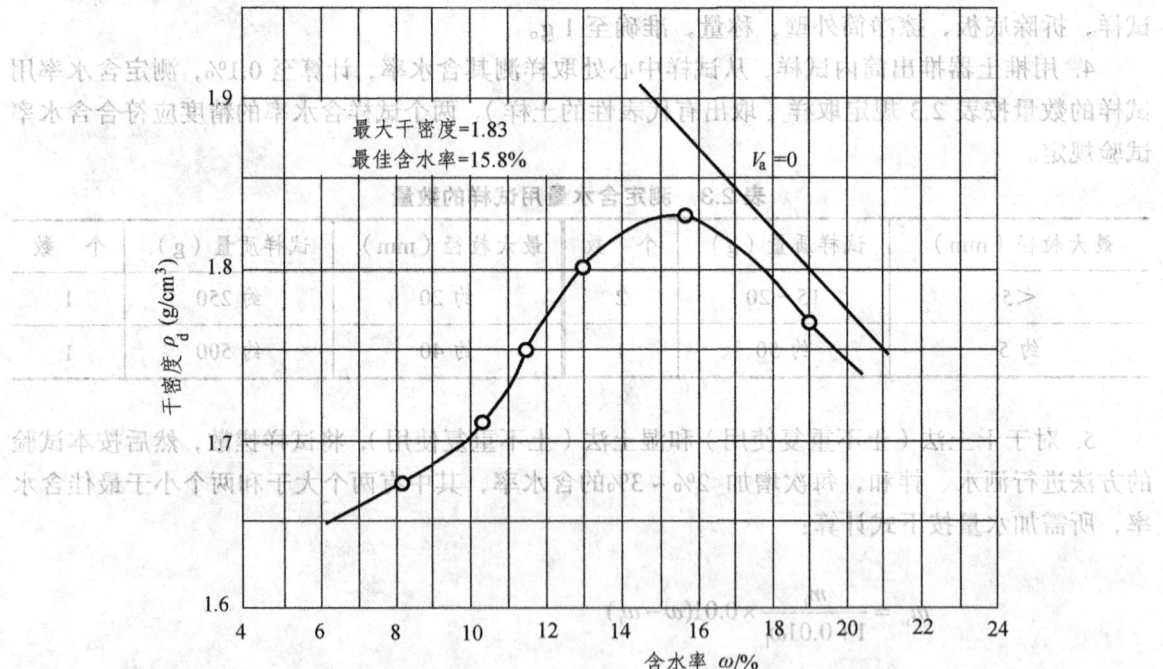

图 2.1

击实试验记录

	主要仪器				试验日期		
	试验方法		落距（cm）		超尺寸颗粒含量（%）		
	筒容积（cm³）		每层击数		击锤质量（kg）		
	试验次数						
密度	筒+土质量（g）						
	筒质量（g）						
	土质量（g）						
	湿密度（g/cm³）						
含水量	盒 号						
	盒质量（g）						
	盒+湿试样质量（g）						
	盒+干试样质量（g）						
	水分质量（g）						
	干土质量（g）						
	含水率（%）						
	平均含水率（%）						
	干密度（g/cm³）						
	最佳含水率		%		最大干密度		g/cm³

结论：

备注：

试验		记录		试验负责人		年 月 日

课外作业

学习领域	道路工程试验与检测
学习情境	学习情境2　路基检测
任　务	任务2.1　土的击实

课外作业

1. 击实试验结果整理时，若有超粒径的土颗粒，则（　　）。
   A. 均可按照规范的公式修正
   B. 超粒径百分含量小于30%可以按规范公式修正
   C. 不需进行修正
   D. 修正不修正都可以

2. 击实试验试样制备分干法和湿法两种，两种制样所得击实结果应该（　　）。
   A. 相同　　　　　　　　　　　　　B. 干法最大干密度大于湿法最大干密度
   C. 干法最大干密度小于湿法最大干密度　　D. 不一定

3. 重型击实试验与轻型击实试验比较，试验结果（　　）。（ρ_0为最大干密度，ω_0为最佳含水率）
   A. ρ_0大，ω_0大　　B. ρ_0小，ω_0小　　C. ρ_0大，ω_0小　　D. ρ_0小，ω_0大

4. 含水率的定义是（　　）。
   A. 水重与干土重之比　　　　　　　B. 水重与湿土重之比
   C. 干土重与湿土重之比　　　　　　D. 水重与水所占体积之比

5. 重型击实试验与轻型击实试验的本质区别是（　　）。
   A. 击实次数　　　B. 击实锤重量　　　C. 击实筒大小　　　D. 击实功能

6. 酒精燃烧法测定含水率需燃烧试样的次数为（　　）。
   A. 3次　　　　　B. 5次　　　　　C. 2次　　　　　D. 4次

7. 公路上常用的测试含水率的方法有哪些？并说明这些方法各自的适用范围。

参考答案

1. B　　2. D　　3. C　　4. A　　5. D　　6. A

7. 答：测定土含水率的方法有烘干法、酒精燃烧法、比重法、碳化钙气压法。
   烘干法：适用于黏质土、粉质土、砂类土和有机质土。
   酒精燃烧法：用于现场快速测定。不适用于含有机质土、含盐量较多的土和重黏土。
   比重法：适用于砂类土。

任务 2.2　路基压实度检测

学习目标：
1. 会使用环刀法测定路基压实度；
2. 会使用挖坑灌砂法测定路基压实度。

教学设计

学习情境2　路基检测			总学时	14
任务2.2　路基压实度检测			学　时	5
分组情况	大组：5组		每组（人）	8~9
	小组：10组			4~5
教学目标	知识目标	1．掌握土的含水率试验方法； 2．会进行路基压实度检测（挖坑灌砂法）； 3．了解其他路基压实度检测方法		
	能力目标	1．具备独立学习、获取新知识的能力，有一定的逻辑思维能力、分析问题和解决问题的能力； 2．具备与人交往、团队协作的能力，养成科学严谨的态度； 3．能够熟练使用灌砂筒、标定罐等试验仪器		
学习内容	1．土的含水率试验方法； 2．挖坑灌砂法检测路基压实度； 3．其它路基压实度检测方法			
教学方法	案例教学法、项目教学法、小组讨论法、引导文法、实践操作法			
教学资源	1．樊兴华，《道路工程试验与检测》多媒体课件； 2．刘超群，《道路工程试验与检测》任务工作单； 3．刘超群主编，道路工程试验与检测，西南交通大学出版社，2014.8（参考书）			
需导入的技术标准	1．《公路路基路面现场测试规程》（JTG E60—2008）[S]．北京：中华人民共和国交通运输部发布，2008.			

续表

需导入的技术标准	2.《公路土工试验规程》（JTG E40—2007）[S]. 北京：中华人民共和国交通运输部发布，2007. 3.《公路工程质量检验评定标准 第一册 土建工程》（JTG F80/1—2004）[S]. 北京：中华人民共和国交通运输部发布，2004.
教学条件	一体化教室、计算器、可以上网查资料的电脑工作台、有关规范和规程

重点： 1. 土的含水率试验方法； 2. 挖坑灌砂法检测路基压实度	解决方案： 老师讲解、示范、学生分组练习
难点： 量砂密度的标定及试验数据的处理	
学生应具备的知识能力与素质	学生应具备试验操作及试验仪器使用的能力
对教师的能力要求	1. 课程相关的专业能力； 2. 组织课堂的能力； 3. 项目任务设计能力、项目组织经验、生产组织能力、协调与沟通能力等方法能力和社会能力

教学组织实施	1．下发学习任务工作单：先期给学生下发学习任务工作单，学生利用课余时间，利用教材、网络、参考资料等预习相关内容。 2．讲授新课：挖坑灌砂法检测路基压实度。 3．项目准备：将全班学生以每组4~5人或8~9人进行分组，每组选出负责人1名。 4．下发任务：在规定的时间内完成路基压实度的测定。 5．制订计划：各小组负责人督促本组成员完成项目计划，并对小组成员进行任务分工。 6．项目实施：各小组长组织本小组同学讨论，确定计算办法；教师进行巡查，了解每小组的进度，督促各小组成员按计划积极参与任务的完成；各小组成员按分工的任务积极完成；教师对学生提出的问题进行指导，激发学生的学习动力；组长负责计算成果的汇总，并形成汇报材料。 7．项目展示：每个小组派一名代表对本组试验的操作过程和试验数据进行相关说明，并接受其他组同学的提问。 8．项目评价：每个小组发放一份考核评价表，对除本组之外的其他组进行客观的评分。 9．教师点评：教师对每个小组的作品进行点评，充分肯定每个小组的成果，同时指出其存在的不足和需要改进的思路和方法，使学生能够真正有所提高

学生学习任务工作单

学习领域	道路工程试验与检测		
学习情境	学习情境2　路基检测		
任　务	任务2.2　路基压实度检测		
班　级		姓　名	
学习小组		工作时间	

任务描述

通过本学习情境的学习，要求学生能够做到：
1. 掌握土的含水率试验方法；
2. 会进行路基压实度检测（挖坑灌砂法）；
3. 了解其他路基压实度检测方法。

引导文

【基础知识的认知】

1. 路基土含水率的含义是什么？主要的测定方法有哪些？

2. 路基土密度的主要测定方法有哪些？

3. 何谓压实度？路基路面压实度有哪些常用的检测方法？在什么情况下选择这些方法？

4. 简述用核子仪测定压实度的步骤。

5. 挖坑灌砂法现场压实度检测要点是什么？

【动手能力的训练】

某二级公路路基压实度施工中，用灌砂法测定压实度，测得灌砂筒内量砂质量为 5 820 g，填满标定罐所需砂的质量为 3 885 g，测定砂锥的质量为 615 g，标定罐的体积 3 035 cm，灌砂后称灌砂筒内剩余砂质量为 1 314 g，试坑挖出湿土重为 5 867 g，烘干土重为 5 036 g，室内击实试验得最大干密度为 1.68 g/cm³，试求该点压实度和含水率。

请结合自己的认识，说出对试验与检测数据处理学习情境的其他说明，列写出你们小组提出的其他问题：

任务学习其他说明或建议：

指导教师评语：

任务完成人签字： 　　　　　　　　　　　日期：　　年　　月　　日
指导教师签字： 　　　　　　　　　　　　日期：　　年　　月　　日

（一）考核评价表

学习领域课程		道路工程试验与检测		学时：64学时		
学习情境2		路基检测		学时：14学时		
任务2.2		路基压实度检测		学时：5学时		
		评价指标	分值	学生自评	组员互评	教师评价
自主学习		1. 是否课前预习	5			
		2. 主动学习，积极分析	5			
		3. 查阅资料、获取信息	10			
职业素养		4. 团队意识、协作精神及对小组的贡献	5			
		5. 沟通及表达能力	5			
		6. 爱护仪器设备、遵守操作规程	10			
知识掌握程度		7. 回答问题的准确性	5			
		8. 小组讨论发言的积极性	5			
		9. 学生提问的深度、积极性	10			
		10. 汇报完整、思路清晰	10			
实践能力		11. 得出数据的正确性	10			
		12. 数据资料的完整性	10			
		13. 数据资料的改进	10			
		小计	100			

试验指导书及报告（一）

学习领域	道路工程试验与检测
学习情境	学习情境2　路基检测
任　务	任务2.2　路基压实度检测 挖坑灌砂法
班　级	姓　名

一、试验目的和适用范围

1. 本试验法适用于在现场测定基层（或底基层）、砂石路面及路基土的各种材料压实层的密度和压实度。但不适用于填石路堤等有大孔洞或大孔隙材料的压实度检测。

2. 挖坑灌砂法测定密度和压实度时，应符合下列规定：

（1）当集料的最大粒径小于13.2 mm、测定层的厚度不超过150 mm时，宜采用ϕ100 mm的小型灌砂筒测试。

（2）当集料的最大粒径等于或大于13.2 mm，但不大于31.5 mm，测定层的厚度不超过200 mm时，应用ϕ150 mm的大型灌砂筒测试。

二、仪器设备

1. 灌砂筒：有大小两种，根据需要采用，储砂筒筒底中心有一圆孔，形状和主要尺寸见图2.2。上部为储砂筒，桶底中心有一圆孔。下部装一倒置的圆锥形漏斗，漏斗上端开口，直径与储砂筒的圆孔相同。漏斗焊接在一块铁板上，铁板中心有一圆孔与漏斗上开口相接，在储砂筒筒底与漏斗顶端铁板之间设有开关，开关为一薄铁板，一端与筒底及漏斗铁板铰接在一起，另一端伸出筒身外。开关铁板上也有一个相同直径的圆孔。

2. 金属标定罐：用薄铁板制作的金属罐，上端周围有一罐缘。

3. 基板：用薄铁板制作的金属方盘，盘的中心有一圆孔。

4. 玻璃板：边长500~600 mm的方形板。

5. 试样盘：小筒挖出的试样可用饭盒存放，大筒挖出的试样可用300 mm×500 mm×40 mm的搪瓷盘存放。

6. 天平或台秤：称量10~15 kg，感量不大于1 g，用于含水率测定的天平精度，对细粒土、中粒土、粗粒土宜分别为0.01 g、0.1 g、1.0 g。

7. 含水率测定器具：如铝盒、烘箱等。

8. 量砂：粒径0.30~0.60 mm清洁干燥的均匀砂，20~40 kg，使用前须洗净、烘干，并放置足够的时间，使其与空气的湿度达到平衡。

9. 盛砂的容器：塑料桶等。

10. 其他：凿子、改锥、铁锤、长把勺、长把小簸箕、毛刷等。

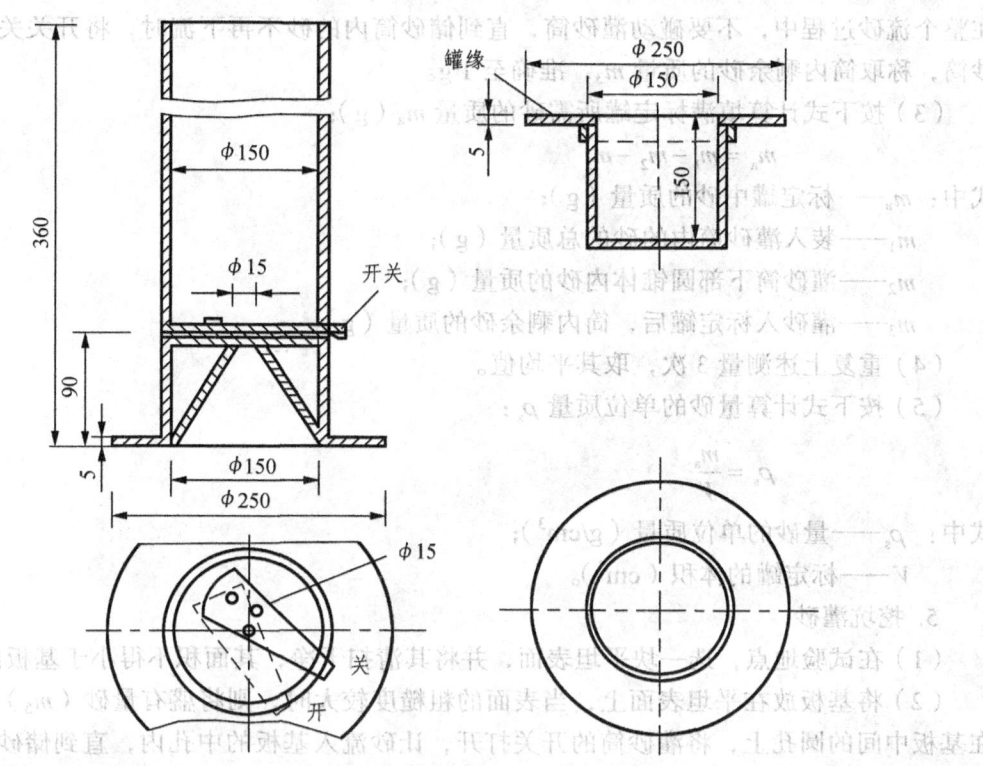

图 2.2 灌砂筒和标定罐

三、试验步骤

1. 按现行试验方法对检测对象试样用同种材料进行击实试验,得到最大干密度(ρ_c)及最佳含水率。
2. 按规定选用适宜的灌砂筒。
3. 按下列步骤标定灌砂筒下部圆锥体内砂的质量。

(1)在灌砂筒筒口高度上,向灌砂筒内装砂至距离筒顶 15 mm 左右为止。称取装入筒内砂的质量 m_1,准确至 1 g。以后每次标定及试验都应该维持装砂高度与质量不变。

(2)将开关打开,使灌砂筒筒底的流砂孔、圆锥形漏斗上端开口圆孔及开关铁板中心的圆孔上下对准重叠在一起,让砂自由流出,并使流出砂的体积与工地所挖试坑内的体积相当(或等于标定罐的容积),然后关上开关。

(3)不晃动储砂筒的砂,轻轻地将罐砂筒移至玻璃板上,将开关打开,让砂流出,直到筒内砂不再下流时,将开关关上,并小心地取走灌砂筒。

(4)收集并称量留在玻璃板上的砂或称量筒内的砂,准确至 1 g,玻璃板上的砂就是填满筒下部圆锥体的砂(m_2)。

(5)重复上述测量 3 次,取其平均值。

4. 按下列步骤标定量砂的单位质量 ρ_s(g/cm³)。

(1)用水确定标定罐的容积 V,准确至 1 mL。

(2)在储砂筒中装入质量为 m_1 的砂,并将灌砂筒放在标定罐上,将开关打开,让砂流出。

在整个流砂过程中，不要碰动灌砂筒，直到储砂筒内的砂不再下流时，将开关关闭，取下灌砂筒，称取筒内剩余砂的质量 m_3，准确至 1 g。

（3）按下式计算填满标定罐所需砂的质量 m_a（g）：

$$m_a = m_1 - m_2 - m_3$$

式中：m_a——标定罐中砂的质量（g）；

m_1——装入灌砂筒内的砂的总质量（g）；

m_2——灌砂筒下部圆锥体内砂的质量（g）；

m_3——灌砂入标定罐后，筒内剩余砂的质量（g）。

（4）重复上述测量 3 次，取其平均值。

（5）按下式计算量砂的单位质量 ρ_s：

$$\rho_s = \frac{m_a}{V}$$

式中：ρ_s——量砂的单位质量（g/cm³）；

V——标定罐的体积（cm³）。

5．挖坑灌砂

（1）在试验地点，选一块平坦表面，并将其清扫干净，其面积不得小于基板面积。

（2）将基板放在平坦表面上，当表面的粗糙度较大时，则将盛有量砂（m_5）的灌砂筒放在基板中间的圆孔上，将灌砂筒的开关打开，让砂流入基板的中孔内，直到储砂筒内的砂不再下流时关闭开关。取下灌砂筒，并称量筒内砂的质量（m_6），准确至 1g。

（3）取走基板，并将留在试验地点的量砂收回，重新将表面清扫干净。

（4）将基板放回清扫干净的表面上（尽量放在原处），沿基板中孔凿洞（洞的直径与灌砂筒一致）。在凿洞过程中，应注意不使凿出的材料丢失，并随时将凿松的材料取出装入塑料袋中，不使水分蒸发。也可放在大试样盒内，试洞的深度应等于测定层厚度，但不得有下层材料混入，最后将洞内的全部凿松材料取出。对土基或基层，为防止试样盘内材料的水分蒸发，可分几次称取材料的质量。全部取出材料的总质量为 m_w，准确至 1 g。

注：当需要检测厚度时，应先测量厚度后再进行这一步骤。

（5）从挖出的全部材料中取有代表性的样品，放在铝盒或洁净的搪瓷盘中，测定其含水率（ω，以%计）。样品的数量如下：用小灌砂筒测定时，对于细粒土，不少于 100 g；对于各种中粒土，不少于 500 g。用大灌砂筒测定时，对于细粒土，不少于 200 g；对于各种中粒土，不少于 1 000 g；对于粗粒土或水泥、石灰、粉煤灰等无机结合料稳定材料，宜将取出的全部材料烘干，且不少于 2 000 g，称其质量（m_d），准确至 1 g。

注：当为沥青表面处治或沥青贯入式结构类材料时，则省去测定含水率步骤。

（6）将基板安放在试坑上，将灌砂筒安放在基板中间（储砂筒内放满砂到要求质量 m_1），使灌砂筒的下口对准基板的中孔及试洞，打开灌砂筒的开关，让砂流入试坑内，在此期间，应注意勿碰动灌砂筒。直到储砂筒内的砂不再下流时，关闭开关，小心取走灌砂筒，并称量筒内剩余砂的质量（m_4），准确至 1 g。

（7）如清扫干净的平坦表面的粗糙度不大，可省去（2）和（3）的操作。在试洞挖好后，将灌砂筒直接对准放在试坑上，中间不需要放基板，打开筒开关，让砂流入试坑内，在此期间，应注意勿碰动灌砂筒。直到储砂筒内的砂不再下流时，关闭开关。小心取走灌砂筒，并称量筒内剩余砂的质量（m_4'），准确至1g。

（8）小心取出试筒内的量砂，以备下次试验时再用。若量砂的湿度已发生变化或量砂中混有杂质，则应该重新烘干、过筛，并放置一段时间，使其与空气的湿度达到平衡后再用。

四、试验结果整理及记录

1. 计算填满试坑所用的砂的质量 m_b（g）

灌砂时，试坑上放基板时：

$$m_b = m_1 - m_4 - (m_5 - m_6)$$

灌砂时，试坑上不放基板时：

$$m_b = m_1 - m_4' - m_2$$

式中：m_b——填满试坑的砂的质量（g）；
m_1——灌砂前灌砂筒内砂的质量（g）；
m_2——灌砂筒下部圆锥体内砂的质量（g）；
m_4、m_4'——灌砂后，灌砂筒内剩余砂的质量（g）；
$(m_5 - m_6)$——灌砂筒下部圆锥体内及基板和粗糙表面间砂的合计质量（g）。

2. 计算试坑材料的湿密度 ρ_w（g/cm³）

$$\rho_w = \frac{m_w}{m_b} \times \rho_s$$

式中：m_w——试坑中取出的全部材料的质量（g）；
ρ_s——量砂的单位质量（g/cm³）。

3. 计算试坑材料的干密度 ρ_d（g/cm³）

$$\rho_d = \frac{\rho_w}{1 + 0.01\omega}$$

式中：ω——试坑材料的含水率（%）。

4. 当为水泥、石灰、粉煤灰等无机结合料稳定土的场合，计算干密度 ρ_d（g/cm³）

$$\rho_d = \frac{m_d}{m_b} \times \rho_s$$

式中：m_d——试坑中取出的稳定土的烘干质量（g）。

5. 计算施工压实度

$$K = \frac{\rho_d}{\rho_c} \times 100$$

式中：K——测试地点的施工压实度（%）。
ρ_d——试样的干密度（g/cm³）；
ρ_{dm}——由击实试验得到的试样的最大干密度（g/cm³）。

注：当试坑材料组成与击实试验的材料有较大差异时，可以试坑材料作标准击实，求取实际的最大干密度。

压实度试验（灌砂法）记录表

工程名称		试验日期		年　月　日	
结构层位		最佳含水率%		要求压实度%	
取样位置					
试洞深度（cm）					
灌砂前筒+砂质量（g）					
灌砂后筒+砂质量（g）					
锥体砂质量（g）					
灌入试洞内砂质量（g）					
标准砂密度（g/cm³）					
试样质量（g）					
试洞体积（cm³）					
湿密度（g/cm³）					
盒号					
盒质量（g）					
盒+湿样质量（g）					
盒+干样质量（g）					
水分质量（g）					
干样质量（g）					
含水率（%）					
平均含水率（%）					
干密度（g/cm³）					
最大干密度（g/cm³）					
压实度（%）					
结论：				备注：	
试验		记录		试验负责人	年　月　日

试验指导书及报告（二）

学习领域	道路工程试验与检测
学习情境	学习情境2　路基检测
任　务	任务2.2　路基压实度检测 环刀法
班　级	姓　名

一、试验目的和适用范围

1. 本方法规定在公路工程现场用环刀法测定土基及路面材料的密度及压实度。
2. 本方法适用于细粒土及无机结合料稳定细粒土的密度。但对无机结合料稳定细粒土，其龄期不宜超过2 d，且宜用于施工过程中的压实度检验。

二、仪器设备

1. 人工取土器：包括环刀、环盖、定向筒和击实锤系统（导杆、落锤、手柄）。环刀内径6~8 cm，高2~3 cm，壁厚1.5~2 mm。
2. 电动取土器：由底座、行走轮、立柱、齿轮箱、升降机构、取芯头等组成。
3. 天平：感量0.1 g（用于取芯头内径小于70 mm样品的称量），或1.0 g（用于取芯头内径100 mm样品的称量）。
4. 其他：镐、小铁锹、修土刀、毛刷、直尺、钢丝锯、凡士林、木板及测定含水率设备等。

三、试验步骤

1. 按有关试验方法对检测试样用同种材料进行击实试验，得到最大干密度及最佳含水率。
2. 用人工取土器测定黏性土及无机结合料稳定细粒土密度的步骤：
（1）擦净环刀，称取环刀质量 m_2，准确至0.1 g。
（2）在试验地点，将面积约30 cm×30 cm的地面清扫干净，并将压实层铲去表面浮动及不平整的部分，达一定深度，使环刀打下后，能达到要求的取土深度，但不得将下层扰动。
（3）将定向筒齿钉固定于铲平的地面上，顺次将环刀、环盖放入定向筒内与地面垂直。
（4）将导杆保持垂直状态，用取土器落锤将环刀打入压实层中，至环盖顶面与定向筒上口齐平为止。
（5）去掉击实锤和定向筒，用镐将环刀试样挖出。
（6）轻轻取下环盖，用修土刀自边至中削去环刀两端余土，用直尺检测直至修平为止。
（7）擦净环刀壁，用天平称取出环刀及试样合计质量 m_1，准确至0.1 g。
（8）自环刀中取出试样，取具有代表性的试样，测定其含水率 ω。
3. 用人工取土器测定砂性土或砂层密度时的步骤：
（1）如为湿润的砂土，试验时不需要使用击实锤和定向筒。在铲平的地面上，细心挖出一个直径较环刀外径略大的砂土柱，将环刀刃口向下，平置于砂土柱上，用两手平稳地将环刀垂直压下，直至砂土柱突出环刀上端约 2 cm 时为止。

（2）削掉环刀口上的多余砂土，并用直尺刮平。

（3）在环刀口上盖一块平滑的木板，一手按住木板，另一手用小铁锹将试样从环刀底部切断，然后将装满试样的环刀反转过来，削去环刀刃口上的多余砂土，并用直尺刮平。

（4）擦净环外壁，称环刀与试样合计质量 m_1，准确至 0.1 g。

（5）自环刀中取具有代表性的试样测定其含水率。

（6）干燥的砂土不能挖成砂土柱时，可直接将环刀压入或打入土中。

4. 用电动取土器测定无机结合料细土和硬塑土密度的步骤：

（1）装上所需规格的取芯头。在施工现场取芯前，选择一块平整的路段，将 4 只行走轮打起，4 根定位销钉采用人工加压的方法，压入路基土层中。松开锁紧手柄，旋动升降手轮，使取芯头刚好与土层接触，锁紧手柄。

（2）将电瓶与调速器接通，调速的输出端接入取芯机电源插口。指示灯亮，显示电路已通；启动开关，电动机工作，带动取芯机构转动。根据土层含水率调节转速，操作升降手柄，上提取芯机构，停机，移开机器。由于取芯头圆筒外表有几条螺旋状突起，切下的土屑排在筒外顺螺纹上旋抛出地表，因此，将取芯筒套在切削好的土芯立柱上，摇动即可取出样品。

（3）取出样品，立即按取芯套长度用修土刀或钢丝锯修平两端，制成所需规格土芯，如拟进行其他试验项目，装入铅盒，送试验室备用。

（4）用天平称量土芯带套筒质量 m_1，从土芯中心部分取试样测定含水率。

5. 本试验须进行两次平行测定，其平行差值不得大于 0.03 g/cm³。求其算术平均值。

四、试验结果整理及记录

1. 计算试样的湿密度及干密度

$$\rho_w = \frac{4 \times (m_1 - m_2)}{\pi d^2 h}$$

$$\rho_d = \frac{\rho}{1 + 0.01\omega}$$

式中：ρ_w——试样的湿密度（g/cm³）；

ρ_d——试样的干密度（g/cm³）；

m_1——环刀或取芯套筒与试样合计质量（g）；

m_2——环刀或取芯套筒质量（g）；

d——环刀或取芯套筒直径（g）；

h——环刀或取芯套筒高度（cm）；

ω——试样的含水率（%）。

2. 计算施工压实度

$$K = \frac{\rho_d}{\rho_c} \times 100$$

式中：K——测试地点的施工压实度（%）；

ρ_d——试样的干密度（g/cm³）；

ρ_c——由击实试验得到的试样的最大干密度（g/cm³）。

环刀法测压实度试验记录表

环刀号			
环刀质量（g）			
环刀+试样质量（g）			
环刀体积（cm³）			
湿样质量（g）			
湿容重（g/cm³）			
盒 号			
盒+湿样质量（g）			
盒+干样质量（g）			
盒质量（g）			
水分质量（g）			
干样质量（g）			
含水率（g）			
含水率平均值（g）			
干容重（g/cm³）			
最大干密度（g/cm³）			
压实度（%）			
试验结果			

课外作业

学习领域	道路工程试验与检测
学习情境	学习情境 2　路基检测
任　务	任务 2.2　路基压实度检测

课外作业

1. 灌砂法测定路面基层压实度的内容有：① 移开灌砂筒并取出试坑内的量砂以备下次再用；② 放置基板使基板中心对准测点；③ 在灌砂筒内装入量砂，并把灌砂筒放在挖好的试坑上；④ 打开灌砂筒，测定灌入试坑内砂的质量；⑤ 沿基板中心向下挖坑至下一结构层顶面，并尽快称量所挖出试样的质量和含水率；⑥ 选点；⑦ 移开基板。正确试验步骤为（　　）。
   A. ⑥②⑦⑤④③①　　　　　　　　B. ⑥②⑤⑦③④①
   C. ⑥⑤②⑦③④①　　　　　　　　D. ⑥②⑦⑤③④①

2. 沥青面层压实度是指（　　）。
   A. 现场实际密度与室内标准密度之比
   B. 现场实际干密度与室内标准密度之比
   C. 现场实际湿密度与室内击实试验最大湿密度之比
   D. 现实际干密度与室内击实试验最大干密度之比

3. 水泥混凝土路面板钻芯后，应采用（　　）进行填补。
   A. 水泥砂浆　　　　　　　　　　　B. 同级配水泥混凝土
   C. 冷补沥青混合料　　　　　　　　D. 乳化沥青碎石

4. 测定二灰稳定碎石基层压实度，应优先采用（　　）。
   A. 环刀法　　　　　　　　　　　　B. 灌砂法
   C. 蜡封法　　　　　　　　　　　　D. 核子密度仪法

5. 按照《公路路基路面现场测试规程》，灌砂法中砂的粒径范围为（　　）
   A. 0～1.0 mm　　　　　　　　　　　B. 0.3～0.6 mm
   C. 0.075～1.0 mm　　　　　　　　　D. 0.6～1.0 mm

6. 环刀法测定压实度时，环刀取样位置应位于压实层的（　　）。
   A. 上部　　　　B. 中部　　　　C. 底部　　　　D. 任意位置

7. 某路段压实度检测结果为：平均值 $\bar{K}=96.3\%$，标准偏差 $S=2.2\%$，则压实度代表值 $K_r=$（　　）（%）。（注：$Z_a=1.645$，$t_a/\sqrt{n}=0.518$）
   A. 92.7　　　　B. 99.9　　　　C. 95.2　　　　D. 97.4

8. 对土方路基质量评定影响最大的指标是（　　）。
   A. 压实度　　　B. 平整度　　　C. 宽度　　　　D. 纵断高程

9. 一级公路土方路基下路床（路槽底面以下 30～80 cm 范围）的压实度标准为（　　）。
   A. 95%　　　　B. 94%　　　　C. 93%　　　　D. 90%

10. （　　）是测定土的含水率的标准方法，对于细粒土时间不得少于（　　）小时，对于砂类土不得少于( )小时,对含有机质超过 5%的土,应将温度控制在( )的恒温下烘干。

11. 测定土密度的常用方法有( )、( )、( )、( )、( )等。

12. 某新建高速公路,在施工中对一端路面基层进行压实度检查,压实度检测数据如下:98.6、98.7、99.5、100.6、101.4、95.4、98.2、99.1、99.6、99.8、99.9、100.0、102.5,要求压实度代表值大于等于 98%,极值大于等于 94%,规定分为 30 分,试对该路段进行评分。(K 计算结果保留一位小数)

参考答案

1. B   2. A   3. B   4. B   5. B   6. B   7. C   8. A   9. A

10. 烘干法,8,6,65~70℃

11. 环刀法,电动取土器法,蜡封法,灌水法,灌砂法

12. 解:K_{13}=99.5 S=1.694 $t_\alpha/\sqrt{n}$=0.744

$K = K_{13} - t_\alpha/\sqrt{n} \times S = 99.5 - 0.744 \times 1.694 = 98.2$

$K > K_0$,单点压实度全部大于极值。测定值小于规定值减 2 个百分点的测点数为 1 点,合格率=(13-1)/13×100%=92.3%。

该路段得分 30×92.3%=27.7 分。

任务 2.3 路基强度检测

学习目标：
会使用 CBR 法测定路基强度。

教学设计

学习情境 2：路基检测		总学时	14
任务 2.3 路基强度检测		学　时	3
分组情况	大组：5 组	每组（人）	8～9
	小组：10 组		4～5
教学目标	知识目标	1. 掌握承载比（CBR）试验测定路基强度的方法； 2. 了解承载板测定土基回弹模量的方法	
	能力目标	1. 具备独立学习、获取新知识的能力，有一定的逻辑思维能力、分析问题和解决问题的能力； 2. 具备与人交往、团队协作的能力，养成科学严谨的态度； 3. 能够熟练使用路面材料强度仪、百分表等试验仪器	
学习内容	1. 承载比试件的制作； 2. CBR 值的测定		
教学方法	案例教学法、项目教学法、小组讨论法、引导文法、实践操作法		
教学资源	1. 樊兴华，《道路工程试验与检测》多媒体课件； 2. 刘超群，《道路工程试验与检测》任务工作单； 3. 刘超群主编，道路工程试验与检测，西南交通大学出版社，2014.8（参考书）		
需导入的技术标准	1.《公路路基路面现场测试规程》（JTG E60—2008）[S]. 北京：中华人民共和国交通运输部发布，2008. 2.《公路土工试验规程》（JTG E40—2007）[S]. 北京：中华人民共和国交通运输部发布，2007. 3.《公路工程质量检验评定标准 第一册 土建工程》（JTG F80/1—2004）[S].北京：中华人民共和国交通运输部发布，2004.		

续表

教学条件	一体化教室、计算器、可以上网查资料的电脑工作台、有关规范和规程	
重点： 1. 承载比（CBR）试验测定路基强度的方法； 2. 承载板测定土基回弹模量的方法 难点： CBR值的测定		解决方案： 老师讲解、示范、学生分组练习
学生应具备的知识能力与素质		学生应具备试验操作及试验仪器使用的能力
对教师的能力要求	1. 课程相关的专业能力； 2. 组织课堂的能力； 3. 项目任务设计能力、项目组织经验、生产组织能力、协调与沟通能力等方法能力和社会能力	
教学组织实施	1. 下发学习任务工作单：先期给学生下发学习任务工作单，学生利用课余时间，利用教材、网络、参考资料等预习相关内容。 2. 讲授新课：承载比（CBR）试验测定路基强度的方法。 3. 项目准备：将全班学生以每组4~5人或8~9人进行分组，每组选出负责人1名。 4. 下发任务：在规定的时间内完成路基土CBR值的测定。 5. 制订计划：各小组负责人督促本组成员完成项目计划，并对小组成员进行任务分工。 6. 项目实施：各小组长组织本小组同学讨论，确定计算办法；教师进行巡查，了解每小组的进度，督促各小组成员按计划积极参与任务的完成；各小组成员按分工的任务积极完成；教师对学生提出的问题进行指导，激发学生的学习动力；组长负责计算成果的汇总，并形成汇报材料。 7. 项目展示：每个小组派一名代表对本组试验的操作过程和试验数据进行相关说明，并接受其他组同学的提问。 8. 项目评价：每个小组发放一份考核评价表，对除本组之外的其他组进行客观的评分。 9. 教师点评：教师对每个小组的作品进行点评，充分肯定每个小组的成果，同时指出其存在的不足和需要改进的思路和方法，使学生能够真正有所提高	

学生学习任务工作单

学习领域	道路工程试验与检测
学习情境	学习情境2　路基强度检测
任务	任务2.3　路基强度检测
班　级	姓　名
学习小组	工作时间

任务描述

通过本学习情境的学习，要求学生能够做到：
1. 掌握承载比（CBR）试验测定路基强度的方法；
2. 了解承载板测定土基回弹模量的方法。

引导文

【基础知识的认知】

1. 什么叫CBR？

2. 简述土基现场CBR值的测试要点。

3. 简述落球仪快速测定土基CBR值的测试要点。

44

【动手能力的训练】

1. 已知某高速公路工地的一土样的 CBR 实验结果如下，试分析在路基压实度 K=94%时，该土样可否用于上路床。注：高速公路路基上路床 CBR 要求不低于 8%。

击实次数	30	50	98
干密度（g/cm³）	1.78	1.91	2.06
CBR（%）	2.2	4.1	9.4

请结合自己的认识，说出对试验与检测数据处理学习情境的其他说明，列写出你们小组提出的其他问题：

任务学习其他说明或建议：

指导教师评语：

任务完成人签字：　　　　　　　　　　　　　　　日期：　　年　　月　　日
指导教师签字：　　　　　　　　　　　　　　　　日期：　　年　　月　　日

考核评价表

学习领域课程	道路工程试验与检测		学时：64学时		
学习情境2	路基检测		学时：14学时		
任务2.3	路基强度检测		学时：3学时		
	评价指标	分值	学生自评	组员互评	教师评价
自主学习	1．是否课前预习	5			
	2．主动学习，积极分析	5			
	3．查阅资料、获取信息	10			
职业素养	4．团队意识、协作精神及对小组的贡献	5			
	5．沟通及表达能力	5			
	6．爱护仪器设备、遵守操作规程	10			
知识掌握程度	7．回答问题的准确性	5			
	8．小组讨论发言的积极性	5			
	9．学生提问的深度、积极性	10			
	10．汇报完整、思路清晰	10			
实践能力	11．得出数据的正确性	10			
	12．数据资料的完整性	10			
	13．数据资料的改进	10			
	小计	100			

试验指导书及报告

学习领域	道路工程试验与检测
学习情境	学习情境2 路基检测
任 务	任务2.3 路基强度检测 CBR法测定路基强度
班 级	姓 名

一、试验目的和适用范围

1. 本试验方法只适用于在规定的试筒内制件后，对各种土和路面基层、底基层材料进行承载比试验。

2. 试样的最大粒径宜控制在20 mm以内，最大不得超过40 mm。

二、仪器设备

1. 圆孔筛：孔径40 mm、20 mm及5 mm筛各1个。

2. 试筒：内径152 mm、高170 mm的金属圆筒；套环，高50 mm；筒内垫块，直径151 mm、高50 mm；夯击底板，同击实仪。也可用击实试验的大击实筒。

3. 夯锤和导管：夯锤的底面直径50 mm，总质量4.5 kg。夯锤在导管内的总行程为450 mm，夯锤的形式和尺寸与重型击实试验法所用的相同。

4. 贯入杆：端面直径50 mm、长约100 mm的金属柱。

5. 路面材料强度仪或其他荷载装置：能量不小于50 kN，能调节贯入速度至每分钟贯入1 mm，可采用测力计式。

6. 百分表：3个。

7. 试件顶面上的多孔板（测试件吸水时的膨胀量）。

8. 多孔底板（试件放上后浸泡水中）。

9. 测膨胀量时支承百分表的架子。

10. 承载板：直径150 mm，中心孔眼直径52 mm，每块质量1.25 kg，共4块，并沿直径分为两个半圆块。

11. 水槽：浸泡试件用，槽内水面应高出试件顶面25 mm。

12. 其他：台秤，感量为试件用量的0.1%；拌和盘、直尺、滤纸、脱模器等与击实试验相同。

三、试样

1. 将具有代表性的风干试料（必要时可在50℃烘箱内烘干），用木碾捣碎，但应尽量注意不使土或粒料的单个颗粒破碎。土团均应捣碎到通过5 mm的筛孔。

2. 采取有代表性的试料50 kg，用40 mm筛筛除大于40 mm的颗粒，并记录超尺寸颗粒的百分数。将已过筛的试料按四分法取出约25 kg，再用四分法将取出的试料分成4份，每份质量 6 kg，供击实试验和制试件之用。

3. 在预定做击实试验的前一天，取有代表性的试料测定其风干含水率。测定含水率用的试样，数量可参照表2.4规定取样。

表2.4 测定含水率用试样的数量

最大粒径（mm）	试样质量（g）	个数
<5	15~20	2
约5	约50	1
约19	约250	1
约38	约500	1

四、试验步骤

1. 称试筒本身质量（m_1），将试筒固定在底板上，将垫块放入筒内，并在垫块上放一张滤纸，安上套环。

2. 将1份试料，按重型击实试验法Ⅱ-2规定的层数和每层击数进行击实，求试料的最大干密度和最佳含水率。

3. 将其余3份试料，按最佳含水率制备3个试件，将一份试料铺于金属盘内，按事先计算得的该份试料应加的水量将水均匀地喷洒在试料上。

用小铲将试料充分拌和到均匀状态，然后装入密闭容器或塑料口袋内浸润备用。

浸润时间：重黏土不得少于24 h，轻黏土可缩短到12 h，砂土可缩短到1 h，天然砂砾可缩短到2 h左右。

制每个试件时，都要取样测定试料的含水率。

注：需要时，可制备3种干密度试件。如每种干密度试件制3个，则共制9个试件。每层击数分别为30、50和98次，使试件的干密度从低于95%到等于100%的最大干密度。这样9个试件共需试料约55 kg。

1. 将试筒放在坚硬的地面上，取备好的试样分3次倒入筒内（视最大粒径而定）。每层需试样1 700 g左右（其量应使击实后的试样高出1/3筒高1~2 mm）。整平表面，并稍加压紧，然后按规定的击数进行第一层试样的击实，击实时锤应自由垂直落下，锤迹必须均匀分布于试样面上。每一层击实完后，将试样层面"拉毛"，然后再装入套筒。重复上述方法进行其余每层试样的击实，试筒击实制件完成后，试样不宜高出筒高10 mm。

2. 卸下套环，用直刮刀沿试筒顶修平击实的试件，表面不平整处用细料修补。取出垫块，称量筒和试件的质量（m_2）。

6. 泡水测膨胀量的步骤如下：

（1）在试件制成后，取下试件顶面的破残滤纸，放一张好滤纸，并在上安装附有调节杆的多孔板，在多孔板上加4块荷载板。

（2）将试筒与多孔板一起放入槽内（先不放水），并用拉杆将模具拉紧，安装百分表，并读取初读数。

（3）向水槽内放水，使水自由进到试件的顶部和底部，在泡水期间，槽内水面应保持在试件顶面以上大约25 mm。通常试件要泡水4昼夜。

（4）泡水终了时，读取试件上百分表的终读数，并计算膨胀量：

$$膨胀量 = \frac{泡水后试件高度变化}{原试件高(120 \text{ mm})} \times 100$$

（5）从水槽中取出试件，倒出试件顶面的水，静置 15 min，让其排水，然后卸去附加荷载和多孔板、底板和滤纸，并称其质量（m_3），以计算试件的湿度和密度的变化。

7. 贯入试验

（1）将泡水试验终了的试件放到路面材料强度试验仪的升降台上，调整偏球座，使贯入杆与试件顶面全面接触，在贯入杆周围放置 4 块荷载板。

（2）先在贯入杆上施加 45 N 荷载，然后将测力和测变形的百分表的指针都调至零点。

（3）加荷使贯入杆以 1~1.25 mm/min 的速度压入试件，记录测力计内百分表某些整读数（如 20、40、60）时的贯入量，并注意使贯入量为 250×10^{-2} mm 时，能有 5 个以上的读数。因此，测力计内的第一个读数应是贯入量 30×10^{-2} mm 左右。

五、结果整理

1. 以单位压力（p）为横坐标，贯入量（L）为纵坐标，绘制 p-L 关系曲线。

2. 一般采用贯入量为 2.5 mm 时的压力与标准压力之比作为材料的承载比（CBR），即：

$$\text{CBR} = \frac{p}{7\,000} \times 100$$

式中：CBR——承载比（%），计算至 0.1；
p——单位压力（kPa）。

同时计算贯入量为 5 mm 时的承载比：

$$\text{CBR} = \frac{p}{10\,500} \times 100$$

如贯入量为 5 mm 时的承载比大于 2.5 mm 时的承载比，则试验要重做，如结果仍然如此，则采用 5 mm 时的承载比。

3. 试件的湿密度用下式计算：

$$\rho = \frac{m_2 - m_1}{2\,177}$$

式中：ρ——试件的湿密度（g/cm³）；
m_2——试筒和试件的合质量（g）；
m_1——试筒的质量（g）；
2 177——试筒的容积（cm³）。

4. 试件的干密度用下式计算：

$$\rho_d = \frac{\rho}{1 + 0.01\omega}$$

试中：ρ_d——试件的干密度（g/cm³）；
ω——试件的含水率。

5. 泡水后试件的吸水量按下式计算：

$$\omega_a = m_3 - m_2$$

式中：ω_a——泡水后试件的吸水量（g）；
　　　m_3——泡水后试筒和试件的合质量（g）；
　　　m_2——试筒和试件的合质量（g）。

膨胀量试验记录

承包单位：				合同号：		
监理单位：				编　号：		
	试验次数 项目		计算表达式	1	2	3
膨胀量	筒号		（1）			
	泡水前试件高度（mm）		（2）			
	泡水后试件高度（mm）		（3）			
	膨胀量（%）		（4）	$\frac{(3)-(2)}{(2)} \times 100\%$		
	膨胀量平均值（%）					
密　度	筒质量 m_1（g）		（5）			
	筒+试件质量 m_2（g）		（6）			
	筒体积 V（cm³）		（7）			
	湿密度 ρ（g/cm³）		（8）	$\frac{(6)-(5)}{(7)}$		
	含水率 ω（%）		（9）			
	干密度 ρ_d（g/cm³）		（10）	$\frac{(8)}{1+0.01\omega}$		
	干密度平均值（g/cm³）					
吸水量	泡水后筒+试件质量（g）		（11）			
	吸水量 ω_a（g）		（12）			
	吸水量平均值（g）					

试验者：_____ 日期：_____ 复核者：_____ 日期：_____

承载比（CBR）试验记录

承包单位：				合同号：	
监理单位：				编号：	

土样编号：			测力环系数：	
最大干密度：			贯入杆面积：	
最佳含水率：			$L=2.5$ mm 时，$p=$ kPa　CBR=	
每层击数：			$L=5.0$ mm 时，$p=$ kPa　CBR=	

荷载测力及百分表读数（0.01 mm）	单位压力（kPa）	百分表读数（0.01 mm）	贯入量（0.01 mm）	$p\text{-}L$ 曲线
				单位压力(kPa) → 贯 入 量 (mm) ↓
试验说明				
结　论				

试验者：＿＿＿＿　日期：＿＿＿＿　复核者：＿＿＿＿　日期：＿＿＿＿

51

课外作业

学习领域	道路工程试验与检测
学习情境	学习情境2 路基检测
任 务	任务2.3 路基强度检测

课外作业

1. 关于 CBR 试验的叙述有：① CBR 试验最初是由美国加利福尼亚州公路局提出的；② CBR 试验是用来评价路基土和路面材料的强度指标；③ 处于路基不同深度位置的土的 CBR 值的要求不同；④ 材料的 CBR 指标指的是某压实度下的 CBR 值；⑤ CBR 试件一般要在水中浸泡 48 h；⑥ CBR 试件的贯入速度为 1~1.25 mm/min；⑦ CBR 试验以贯入量为 2.5 mm 时的强度作为材料的 CBR 值。正确叙述有（　　）。

  A. ①②③④⑤   B. ①②③④⑤⑥
  C. ①②③④⑥   D. ①②③④⑤⑥⑦

2. 土基现场 CBR 测试时，标准压强当贯入量为 2.5 mm 时 P_0 为（　　）。

  A. 5 MPa   B. 7 MPa
  C. 10.5 MPa   D. 12 MPa

3. 土基现场 CBR 值测定包括哪些参数（　　）？

  A. 土基含水率   B. 测点的干密度
  C. 测点的压实   D. 压强与贯入量的关系

4. 土基回弹模量 E_0 的单位是（　　）。

  A. MN   B. kN
  C. kg   D. MPa

5. 在水泥混凝土路面检验评定中，对评分值影响最大的是（　　）。

  A. 弯沉   B. 抗滑
  C. 弯拉强度   D. 平整度

6. 目前，测定回弹模量的方法主要有（　　）。

  A. 承载板法   B. CBR 法
  C. 贝克曼梁法   D. 贯入仪法

7. 目前在柔性路面设计中，是以（　　）来表示土基的强度。

  A. 抗剪强度   B. 抗压强度
  C. 垂直强度   D. 回弹模量

8. 土基回弹模量一般是采用直径为（　　）cm 的刚性承载板，逐渐加卸荷载法测定。

  A. 18   B. 28   C. 24   D. 30

9. 现场采用承载板测定土基回弹模量时，如果不考虑总影响量，得到的土基回弹模量值与真实值比较，会（　　）。

  A. 偏大   B. 偏小
  C. 相同   D. 偏大偏小无规律

10. 进行室内 CBR 试验，量力环校正系数 C=235.2 N/0.01 mm，贯入杆面积 A=19.635 cm²，贯入量为 2.5 mm 时，荷载测力计百分表读数为 4.8×10^{-2} mm，贯入量为 5.0 mm 时，荷载测力计百分表读数为 5.7×10^{-2} mm，计算本次试验结果。

参考答案

1. C　　2. B　　3. ABCD　　4. D　　5. C　　6. AC　　7. D　　8. D　　9. A

10. 解：$P_{2.5}=CR/A=(235.2\times4.8\times10^{-2})/19.635=575$ KPa

$P_{5.0}=CR/A=(235.2\times5.7\times10^{-2})/19.635=683$ KPa

$CBR_{2.5}=(P_{2.5}/7000)\times100=8.2\%$

$CBR_{5.0}=(P_{5.0}/10500)\times100=6.5\%$

$CBR_{5.0}<CBR_{2.5}$，所以试验结果为 $CBR_{2.5}=8.2\%$

任务2.4 路基弯沉检测

学习目标：
了解采用贝克曼梁测定路面回弹弯沉的方法。

教学设计

学习情境2：路基检测		总学时	14
任务2.4 路基弯沉检测		学时	2
分组情况	大组：5组	每组（人）	8~9
	小组：10组		4~5
教学目标	知识目标	1. 掌握路基路面回弹弯沉检测（贝克曼梁法）； 2. 了解自动弯沉仪与落锤式弯沉仪测定路面弯沉的方法	
教学目标	能力目标	1. 具备独立学习、获取新知识的能力，有一定的逻辑思维能力、分析问题和解决问题的能力； 2. 具备与人交往、团队协作的能力，养成科学严谨的态度； 3. 能够熟练使用弯沉仪、百分表	
学习内容	1. 路基路面回弹弯沉检测（贝克曼梁法）； 2. 自动弯沉仪与落锤式弯沉仪测定路面弯沉的方法		
教学方法	案例教学法、项目教学法、小组讨论法、引导文法、实践操作法		
教学资源	1. 樊兴华，《道路工程试验与检测》多媒体课件； 2. 刘超群，《道路工程试验与检测》任务工作单； 3. 刘超群主编，道路工程试验与检测，西南交通大学出版社，2014.8（参考书）		
需导入的技术标准	1.《公路路基路面现场测试规程》(JTG E60—2008)[S]. 北京：中华人民共和国交通运输部发布，2008. 2.《公路土工试验规程》(JTG E40—2007)[S]. 北京：中华人民共和国交通运输部发布，2007.		

续表

需导入的技术标准	3.《公路工程质量检验评定标准 第一册 土建工程》(JTG F80/1—2004)[S]. 北京：中华人民共和国交通运输部发布，2004	
教学条件	一体化教室、计算器、可以上网查资料的电脑工作台、有关规范和规程	
重点：掌握路基路面回弹弯沉检测（贝克曼梁法）；难点：试验数据的处理	解决方案：老师讲解、示范、学生分组练习	
学生应具备的知识能力与素质	学生应具备试验操作及试验仪器使用的能力	
对教师的能力要求	1．课程相关的专业能力； 2．组织课堂的能力； 3．项目任务设计能力、项目组织经验、生产组织能力、协调与沟通能力等方法能力和社会能力	
教学组织实施	1．下发学习任务工作单：先期给学生下发学习任务工作单，学生利用课余时间，利用教材、网络、参考资料等预习相关内容。 2．讲授新课：贝克曼梁法测定路基路面回弹弯沉值。 3．项目准备：将全班学生以每组4~5人或8~9人进行分组，每组选出负责人1名。 4．下发任务：在规定的时间内完成弯沉值的测定 5．制订计划：各小组负责人督促本组成员完成项目计划，并对小组成员进行任务分工。 6．项目实施：各小组长组织本小组同学讨论，确定计算办法；教师进行巡查，了解每小组的进度，督促各小组成员按计划积极参与任务的完成；各小组成员按分工的任务积极完成；教师对学生提出的问题进行指导，激发学生的学习动力；组长负责计算成果的汇总，并形成汇报材料。 7．项目展示：每个小组派一名代表上台对本组试验的操作过程和试验数据进行相关说明，并接受其他组同学的提问。 8．项目评价：每个小组发放一份考核评价表，对除本组之外的其他组进行客观的评分。 9．教师点评：教师对每个小组的作品进行点评，充分肯定每个小组的成果，同时指出其存在的不足和需要改进的思路和方法，使学生能够真正有所提高	

学生学习任务工作单

学习领域	道路工程试验与检测		
学习情境	学习情境 2　路基弯沉检测		
任　务	任务 2.4　路基弯沉检测		
班　级		姓　名	
学习小组		工作时间	

任务描述

通过本学习情境的学习，要求学生能够做到：

1. 会进行路基路面回弹弯沉检测（贝克曼梁法）；
2. 了解自动弯沉仪与落锤式弯沉仪测定路面弯沉的方法。

引导文

【基础知识的认知】

1. 弯沉的含义是什么？

2. 试比较 3 种弯沉测试方式。

3. 弯沉检测的目的是什么？

4. 贝克曼梁测定路基回弹弯沉的步骤是什么？

【动手能力的训练】

1. 某路段路基施工质量检查中,标准轴载测得 10 点的弯沉值分别为 100、101、102、110、95、98、93、96、103、104（0.01mm）,该路段的弯沉值是否满足要求？保证率系数 Z_a=2.0,设计弯沉值 L_d 为 108（0.01mm）。

请结合自己的认识,说出对试验与检测数据处理学习情境的其他说明,列写出你们小组提出的其他问题：

任务学习其他说明或建议：

指导教师评语：

任务完成人签字：　　　　　　　　　　　　　　　　日期：　年　月　日
指导教师签字：　　　　　　　　　　　　　　　　　日期：　年　月　日

考核评价表

学习领域课程	道路工程试验与检测		学时：64学时		
学习情境2	路基检测		学时：14学时		
任务2.4	路基弯沉检测		学时：2学时		
	评价指标	分值	学生自评	组员互评	教师评价
自主学习	1．是否课前预习	5			
	2．主动学习，积极分析	5			
	3．查阅资料、获取信息	10			
职业素养	4．团队意识、协作精神及对小组的贡献	5			
	5．沟通及表达能力	5			
	6．爱护仪器设备、遵守操作规程	10			
知识掌握程度	7．回答问题的准确性	5			
	8．小组讨论发言的积极性	5			
	9．学生提问的深度、积极性	10			
	10．汇报完整、思路清晰	10			
实践能力	11．得出数据的正确性	10			
	12．数据资料的完整性	10			
	13．数据资料的改进	10			
	小计	100			

试验指导书及报告

学习领域	道路工程试验与检测
学习情境	学习情境2 路基检测
任务	任务2.4 路基弯沉检测 贝克曼梁法测定路基回弹弯沉试验
班级	姓名

一、试验目的和适用范围

1. 本方法适用于测定各类路基路面的回弹弯沉，用以评定其整体承载能力，可供路面结构设计使用。

2. 沥青路面的弯沉检测以沥青面层平均温度20℃时为准，当路面平均温度在（20±2）℃以内可不修正，在其他温度测试时，对沥青层厚度大于5 cm的沥青路面，弯沉值应予温度修正。

二、仪器设备

1. 标准车：双轴，后轴双侧4轮的载重车，其标准轴荷载、轮胎尺寸、轮胎间隙及轮胎气压等主要参数应符合表2.5的要求。测试车应采用后轴10 t的BZZ-100标准车。

2. 路面弯沉仪：由贝克曼梁、百分表及表架组成。贝克曼梁由铝合金制成，上有水准泡，其前臂（接触路面）与后臂（装百分表）长度比为2∶1。弯沉仪长度有两种：一种长3.6 m，前后臂分别为2.4 m和1.2 m；另一种加长的弯沉仪长5.4 m，前后臂分别3.6 m和1.8 m。当在半刚性基层沥青路面或水泥混凝土路面上测定时，宜采用长度为5.4 m的贝克曼梁弯沉仪；对柔性基层或混合式结构沥青路面可采用3.6 m的贝克曼梁弯沉仪测定。弯沉采用百分表量得，也可用自动记录装置进行测量。

3. 接触式路表温度计：端部为平头，分度不大于1℃。

4. 其他：皮尺、口哨、白油漆或粉笔、指挥旗等。

表2.5 弯沉测定用的标准车参数表

标准轴载等级	BZZ-100
后轴标准轴载 P（kN）	100±1
一侧双轮轴载（kN）	50±0.5
轮胎充气压力（MPa）	0.7±0.05
单轮传压面当量圆直径（cm）	21.3±0.5
轮隙宽度	应满足能自由插入弯沉仪测头的测试要求

三、试验步骤

1. 准备工作

（1）检查并保持测定用标准车的车况及刹车性能良好，轮胎内胎符合规定充气压力。

（2）向汽车车槽中装载（铁块或集料），并用地中衡称量后轴总质量及单侧轮荷载，均应符合要求的轴重规定。汽车行驶及测定过程中，轴载不得变化。

（3）测定轮胎接地面积：在平整光滑的硬质路面上用千斤顶将汽车后轴顶起，在轮胎下方铺一张新的复写纸和一张方格纸，轻轻落下千斤顶，即在方格纸印上轮胎印痕，用求积仪或数方格的方法测算轮胎接地面积，准确至 $0.1\ cm^2$。

（4）检查弯沉仪百分表测量灵敏情况。

（5）当在沥青路面上测定时，用路表温度计测定试验时气温及路表温度（一天中气温不断变化，应随时测定），并通过气象台了解前 5 d 的平均气温（日最高气温与最低气温的平均值）。

（6）记录沥青路面修建或改建时的材料、结构、厚度、施工及养护等情况。

2. 测试步骤

（1）在测试路段布置测点，其距离随测试需要而定。测点应在路面行车车道的轮迹带上，并用白油漆或粉笔画上标记。

（2）将试验车后轮轮隙对准测点后 3～5 cm 处的位置上。

（3）将弯沉仪插入汽车后轮之间的缝隙处，与汽车方向一致，梁臂不得碰到轮胎，弯沉仪测头置于测点上（轮隙中心前方 3～5 cm 处）并安装百分表于弯沉仪的测定杆上，百分表调零，用手轻轻叩打弯沉仪，检查百分表是否稳定归零。

弯沉仪可以单侧测定，也可以双侧同时测定。

（4）测定者吹哨发令指挥汽车缓缓前进，百分表随路面变形的增加而持续向前转动。当表针转到最大值时，迅速读取初读数 L_1。汽车仍在继续前进，表针反向回转，待汽车驶出弯沉影响半径（约 3 m 以上）后，吹口哨或挥动指挥红旗，汽车停止。待表针回转稳定后，再次读取终读数 L_2。汽车前进的速度宜为 5 km/h 左右。

3. 弯沉仪的支点变形修正

（1）当采用长度为 3.6 m 的弯沉仪进行弯沉测定时，有可能引起弯沉仪支座处变形，因此测定时应检测支点有无变形。此时应用另一台检测用的弯沉仪安装在测定用弯沉仪的后方，其测点架于测定用弯沉仪的支点旁。当汽车开出时，同时测定两台弯沉仪的弯沉读数，如检测用弯沉仪百分表有读数，即应该记录并进行支点变形修正。当在同一结构层上测定时，可在不同位置测定 5 次，求取平均值，以后每次测定时以此作为修正值。

（2）当采用长度为 5.4 m 的弯沉仪测定时，可不进行支点变形修正。

四、试验结果整理及记录

1. 路面测点的回弹弯沉值依下式计算：

$$L_t = (L_1 - L_2) \times 2$$

式中：L_t——在路面温度 t 时的回弹弯沉值（0.01 mm）；

L_1——车轮中心临近弯沉仪测头时百分表的最大读数（0.01 mm）；

L_2——汽车驶出弯沉影响半径后百分表的终读数（0.01 mm）。

2. 当需要进行弯沉仪支点弯形修正时，路面测点的回弹弯沉值用下式计算：

$$L_t = (L_1 - L_2) \times 2 + (L_3 - L_4) \times 6$$

式中：L_1——车轮中心临近弯沉仪测头时测定用弯沉仪的最大读数（0.01 mm）；

L_2——汽车驶出弯沉影响半径后测定用弯沉仪的最终读数（0.01 mm）；

L_3——车轮中心临近弯沉仪测头时检验用弯沉仪的最大读数（0.01 mm）；

L_4——汽车驶出弯沉影响半径后检验用弯沉仪的终读数（0.01 mm）。

注：此式适用于测定用弯沉仪支座处有变形，但百分表架处路面已无变形的情况。

3. 沥青面层厚度大于 5 cm 的沥青路面，回弹弯沉值应进行温度修正，温度修正及回弹弯沉的计算宜按下列步骤进行。

（1）测定时的沥青层平均温度按下式计算：

$$t=(t_{25}+t_m+t_e)/3$$

式中：t——测定时沥青面层平均温度（℃）；

t_{25}——根据 t_0 由图 2.3 决定的路表下 25 mm 处的温度（℃）；

t_m——根据 t_0 由图 2.3 决定的沥青层中间深度的温度（℃）；

t_e——根据 t_0 由图 2.3 决定的沥青层底面处的温度（℃）。

图 2.4.1 中 t_0 为测定时路表温度与测定前 5 d 平均气温的平均值之和（℃），日平均气温为日最高气温与最低气温的平均值。

（2）根据沥青层平均温度 t 及沥青层厚度，分别由图 2.3 及图 2.4 求取不同基层的沥青路面弯沉值的温度修正系数 K。

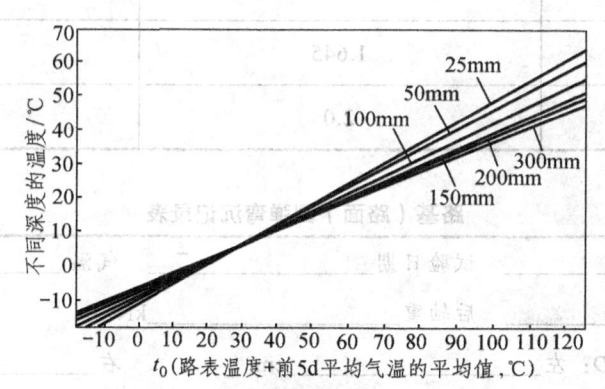

图 2.3 沥青层平均温度的决定

注：线上的数字表示从路表向下的不同深度（mm）

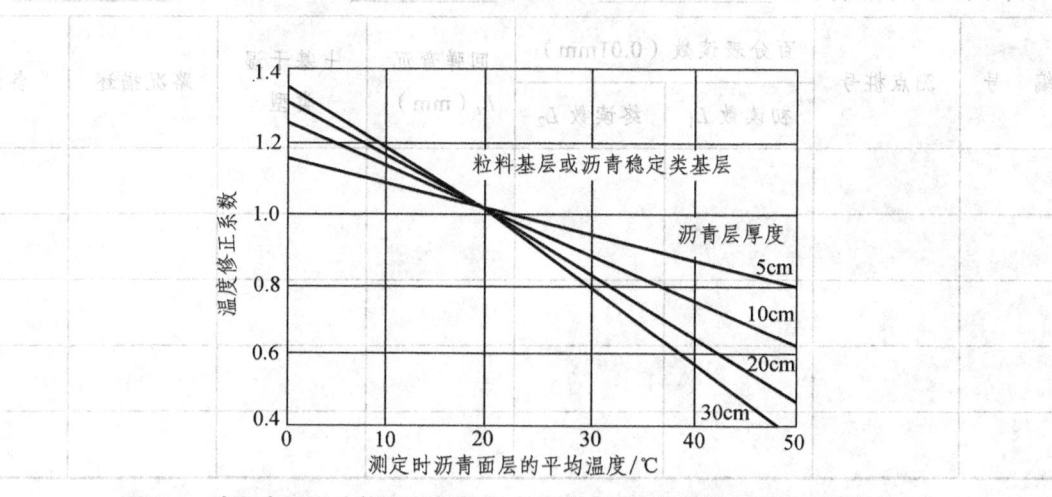

图 2.4 路面弯沉温度修正系数曲线（适用于粒料基层及沥青稳定基层）

（3）沥青路面回弹弯沉按下式计算：

$$L_{20}=L_t \times K$$

式中：K——温度修正系数；

L_{20}——换算为20℃的沥青路面回弹弯沉值（0.01 mm）；

L_t——测定时沥青面层内平均温度为 t 时的回弹弯沉值（0.01 mm）。

4. 按下式计算每一个评定路段的代表弯沉：

$$L_r = L + Z_a S$$

式中：L_r——各评定路段的代表弯沉（0.01 mm）；

L——各评定路段内经各项修正后各测点弯沉的平均值（0.01 mm）；

S——各评定路段内经各项修正后的全部测点弯沉的标准点（0.01 mm）；

Z_a——与保证率有关的系数，当设计弯沉值按《公路沥青路面设计规范》（JTG D50—2006）确定时，采用数值见下表：

层 位	Z_a	
	高速公路、一级公路	二、三级公路
沥青面层	1.645	1.5
路 基	2.0	1.645

路基（路面）回弹弯沉记录表

路线名称_____ 试验日期_____ 气温_____

试验车型号_____ 后轴重_____kN

车轮当量圆半径，单圆 D：左_____cm 右_____cm；

双圆 d：左_____cm 右_____cm

车轮对路面的单位压力：左_____MPa 右_____MPa 路面温度_____

编 号	测点桩号	百分表读数（0.01mm）		回弹弯沉 L_t（mm）	土基干湿类型	路况描述	备注
		初读数 L_1	终读数 L_2				

读数_____ 记录_____ 校核_____

课外作业

学习领域	道路工程试验与检测
学习情境	情境2 路基检测
任务	任务2.4 路基弯沉检测

课外作业

1. 采用贝克曼梁对二级公路进行弯沉测试时，测试车后轴轴重应为（　　）。
   A. 60 kN B. 80 kN C. 100 kN D. 120 kN

2. 用贝克曼梁法测定高速公路土基回弹弯沉时，加载车的后轴轴载一般为（　　）。
   A. 60 kN B. 80 kN C. 100 kN D. 120 kN

3. 沥青路面回弹弯沉最好在路面（　　）测试。
   A. 竣工前
   B. 竣工后
   C. 竣工后第一个最不利季节
   D. 竣工后第一冬季

4. 自动弯沉仪测定弯沉为（　　）。
   A. 回弹弯沉
   B. 总弯沉
   C. 动态回弹弯沉
   D. 动态总弯沉

5. 贝克曼梁测定回弹弯沉，百分表初读数为49，终读数为24。那么回弹弯沉值为（　　）。
   A. 25（0.01 mm） B. 25（mm） C. 50（0.01 mm） D. 50（mm）

6. 回弹弯沉测定时，左轮百分表初读数61、终读数47；右轮初读数94、终读数81，则弯沉处理方法和计算结果正确的是（　　）。
   A. 左、右轮弯沉分别考虑，其值为14、13（0.01 mm）
   B. 左、右轮弯沉分别考虑，其值为28、26（0.01 mm）
   C. 取左右轮弯沉平均值，其值为13.5（0.01 mm）
   D. 取左右轮弯沉平均值，其值为27（0.01 mm）

7. 当弯沉代表值小于设计弯沉值（或竣工验收弯沉值）时，其得分为（　　）。
   A. 100分 B. 规定的满分 C. 合格率×规定分 D. 零分

8. 半刚性基层沥青面层弯沉测试中，当（　　）时应进行温度修正。
   A. 路面温度15℃，沥青面层厚度10 cm
   B. 路面温度15℃，沥青面层厚度4 cm
   C. 路面温度20℃，沥青面层厚度10 cm
   D. 路面温度20℃，沥青面层厚度4 cm

9. 贝克曼梁的杠杆比一般为（　　）。
   A. 1∶1 B. 1∶2 C. 1∶3 D. 1∶4

10. 一般来说，用5.4 m的贝克曼梁测得的回弹弯沉比用3.6 m的贝克曼梁测得的（　　）。
    A. 大 B. 小 C. 一样 D. 不一定

11. 高等级公路沥青路面的弯沉值应在通车后的（　　）验收。
    A. 第一个最不利季节
    B. 第一个夏季
    C. 第一个冬季
    D. 第一个雨季

12. 测试回弹弯沉时，弯沉仪的测头应放置在（　　）位置。

A. 轮隙中心 B. 轮隙中心稍偏前
C. 轮隙中心稍偏后 D. 轮隙中任意位置

13. 回弹弯沉测试中，应对测试值进行修正，但不包括（　　）修正。
A. 温度 B. 支点 C. 季节 D. 原点

14. 某新建高速公路竣工后，在不利季节测得某路段路面弯沉值如下（0.01 mm）：30、29、32、28、27、28、34、32、30。设计弯沉值为 40（0.01 mm），试判断该路段路面弯沉是否符合要求？取得保证率系数 Z_a=1.645，计算结果取小数 1 位。

参考答案

1. C　　2. C　　3. C　　4. B　　5. A
6. B　　7. B　　8. A　　9. B　　10. A
11. A　　12. B　　13. D

14. 解：弯沉平均值=(30+29+32+28+27+28+34+32+30)/9=30.0(0.01 mm)
标准差 S=2.29，代表值=30.0+1.645×2.29=33.8(0.01 mm)<40(0.01 mm)
所以该路段路面弯沉不符合要求。

64

学习情境3 路面检测

学习情境描述：
引导学生根据试验检测步骤和方法统筹安排路面材料检测，并对试验检测数据进行分析处理，从而对结果进行质量评定。

学习情境3.1 路面材料检测

任务3.1.1 活性氧化钙、氧化镁含量测定

学习目标：
能够进行活性氧化钙、氧化镁含量测定。

教学设计

学习情境3.1：路面材料检测			总学时	16
任务3.1.1 活性氧化钙、氧化镁含量测定			学时	4
分组情况		大组：5组	每组（人）	8~9
		小组：10组		4~5
教学目标	知识目标	1. 掌握水泥或石灰稳定土中石灰水泥剂量测定方法； 2. 了解路面材料试验检测项目； 3. 能够进行数据的处理和表达		
	能力目标	1. 具备独立学习、获取新知识的能力，有一定的逻辑思维能力、分析问题和解决问题的能力； 2. 具备与人交往、团队协作的能力，养成科学严谨的态度		
学习内容		1. 石灰中有效氧化钙含量的测定方法； 2. 有效氧化钙含量的计算； 3. 试验数据的处理和表达		

续表

教学方法	案例教学法、项目教学法、小组讨论法、引导文法、实践操作法
教学资源	1．樊兴华，《道路工程试验与检测》多媒体课件； 2．刘超群，《道路工程试验与检测》任务工作单； 3．刘超群主编，道路工程试验与检测，西南交通大学出版社，2014.8（参考书）
需导入的技术标准	1．《公路工程无机结合料稳定类材料试验规程》（JTG E51—2009）[S]．北京：中华人民共和国交通运输部发布，2009． 2．《公路工程质量检验评定标准 第一册 土建工程》（JTG F80/1—2004）[S]．北京：中华人民共和国交通运输部发布，2004．
教学条件	一体化教室、计算器、可以上网查资料的电脑工作台、有关规范和规程
重点：石灰中有效氧化钙含量的测定方法 难点：试验检测数据的处理	解决方案： 老师讲解、示范、学生分组练习
学生应具备的知识能力与素质	学生应具备试验操作及试验仪器使用的能力
对教师的能力要求	1．课程相关的专业能力； 2．组织课堂的能力； 3．项目任务设计能力、项目组织经验、生产组织能力、协调与沟通能力等方法能力和社会能力
教学组织实施	1．下发学习任务工作单：先期给学生下发学习任务工作单，学生利用课余时间，利用教材、网络、参考资料等预习相关内容。 2．讲授新课：石灰中有效氧化钙、氧化镁含量的测定。 3．项目准备：将全班学生以每组4~5人或8~9人进行分组，每组选出负责人1名。 4．下发任务：在规定的时间内完成石灰中有效氧化钙、氧化镁含量的测定。 5．制订计划：各小组负责人督促本组成员完成项目计划，并对小组成员进行任务分工。 6．项目实施：各小组长组织本小组同学讨论，确定计算办法；教师进行巡查，了解每小组的进度，督促各小组成员按计划积极参与任务的完成；各小组成员按分工的任务积极完成；教师对学生提出的问题进行指导，激发学生的学习动力；组长负责计算成果的汇总，并形成汇报材料。 7．项目展示：每个小组派一名代表对本组试验的操作过程和试验数据进行相关说明，并接受其他组同学的提问。 8．项目评价：每个小组发放一份考核评价表，对除本组之外的其他组进行客观的评分。 9．教师点评：教师对每个小组的作品进行点评，充分肯定每个小组的成果，同时指出其存在的不足和需要改进的思路和方法，使学生能够真正有所提高

学生学习任务工作单

学习领域	道路工程试验与检测		
学习情境	学习情境 3.1　路面材料检测		
任　务	任务 3.1.1　活性氧化钙、氧化镁含量测定		
班　级		姓　名	
学习小组		工作时间	

任务描述

通过本学习情境的学习，要求学生能够做到：
1. 了解路面材料试验检测项目；
2. 掌握水泥或石灰稳定土中石灰水泥剂量测定；
3. 能够进行数据的处理和表达。

引导文

【基础知识的认知】

1. 石灰中活性氧化镁、氧化钙含量的高低与石灰质量之间有什么关系？

2. 石灰中有效氧化镁、氧化钙含量测定的原理是什么？

3. 测定石灰中有效氧化镁、氧化钙含量之前需要准备哪些试剂？

4. 石灰中的氧化镁、氧化钙含量是如何测定的？

【动手能力的训练】

请结合自己的认识，说出对试验与检测数据处理学习情境的其他说明，列写出你们小组提出的其他问题：

任务学习其他说明或建议：

指导教师评语：

任务完成人签字：　　　　　　　　　　　　　　　日期：　　年　　月　　日
指导教师签字：　　　　　　　　　　　　　　　　日期：　　年　　月　　日

（一）考核评价表

学习领域课程	道路工程试验与检测		学时：64学时		
学习情境3.1	路面材料检测		学时：16学时		
任务3.1.1	活性氧化钙、氧化镁含量测定		学时：4学时		
	评价指标	分值	学生自评	组员互评	教师评价
自主学习	1．是否课前预习	5			
	2．主动学习，积极分析	5			
	3．查阅资料、获取信息	10			
职业素养	4．团队意识、协作精神及对小组的贡献	5			
	5．沟通及表达能力	5			
	6．爱护仪器设备、遵守操作规程	10			
知识掌握程度	7．回答问题的准确性	5			
	8．小组讨论发言的积极性	5			
	9．学生提问的深度、积极性	10			
	10．汇报完整、思路清晰	10			
实践能力	11．得出数据的正确性	10			
	12．数据资料的完整性	10			
	13．数据资料的改进	10			
	小计	100			

试验指导书及报告(一)

学习领域	道路工程试验与检测
学习情境	学习情境 3.1　路面材料检测
任　务	任务 3.1.1　活性氧化钙含量的测定
班　级	姓　名

一、试验目的和适用范围

本方法适用于测定各种石灰的有效氧化钙含量。

二、仪器设备

1. 方孔筛：0.15 mm，1 个。
2. 烘箱：50～250 ℃，1 台。
3. 干燥器：ϕ25 cm，1 个。
4. 称量瓶：ϕ30 mm×50 mm，10 个。
5. 瓷研钵：ϕ12～13 mm，1 个。
6. 分析天平：万分之一，1 台。
7. 架盘天平：感量 0.1 g，1 台。
8. 电炉：1 500 W，1 个。
9. 石棉网：20 cm×20 cm，1 块。
10. 玻璃珠：ϕ3 mm，一袋（0.25 kg）。
11. 具塞三角瓶：250 mL，20 个。
12. 漏斗：短颈，3 个。
13. 塑料洗瓶：1 个。
14. 塑料桶：20 L，1 个。
15. 下口蒸馏水瓶：5 000 mL，1 个。
16. 三角瓶：300 mL，10 个。
17. 容量瓶：250 mL、1 000 mL，各 1 个。
18. 量筒：200 mL、100 mL、50 mL、5 mL，各 1 个。
19. 试剂瓶：250 mL、1 000 mL，各 5 个。
20. 塑料试剂瓶：1 L，1 个。
21. 烧杯：50 mL，5 个；250 mL（或 300 mL），10 个。
22. 棕色广口瓶：60 mL，4 个；250 mL，5 个。

23. 滴瓶：60 mL，3个。
24. 酸滴定管：50 mL，2支。
25. 滴定台及滴定管夹：各1套。
26. 大肚移液管：25 mL、50 mL，各1支。
27. 表面皿：7 cm，10块。
28. 玻璃棒：8 mm×250 mm 及 4 mm×180 mm 各10支。
29. 试剂勺：5个。
30. 吸水管：8 mm×150 mm，5支。
31. 洗耳球：大、小各1个。

三、化学试剂

1. 蔗糖（分析纯）。
2. 酚酞指示剂：称取 0.5 g 酚酞溶于 50 mL95%乙醇中。
3. 0.1%甲基橙水溶液：称取 0.05 g 甲基橙溶于 50mL 蒸馏水（40～50℃）中。
4. 盐酸标准溶液（相当于 0.5 mol/L）：将 42 mL 浓盐酸（相对密度 1.19）稀释至 1 L，按下述方法标定其当量浓度后备用。

称取 0.8～1.0 g（准确至 0.000 1 g）已在 180℃烘干 2h 的碳酸钠（优级纯或基准级）记录为 m，置于 250 mL 三角瓶中，加 100 mL 水使其完全溶解；然后加入 2～3 滴 0.1%甲基橙指示剂，记录滴定管中待标定盐酸溶液的体积 V_1，用待标定的盐酸标准溶液滴定，至碳酸钠溶液由黄色变为橙红色；将溶液加热至沸，并保持微沸 3 min，最后放在冷水中冷却至室温，如此时橙红色变为黄色，则再用盐酸标准溶液滴定，至溶液出现稳定橙红色时为止。记录滴定管中盐酸标准溶液的体积 V_2。V_1、V_2 的差值即为盐酸标准溶液的消耗量 V。

盐酸标准溶液的摩尔浓度按下式计算：

$$M = m/(V \times 0.053)$$

式中：M——盐酸标准溶液当量浓度（mol/L），
　　　m——称取碳酸钠的质量（g），
　　　V——滴定时消耗盐酸标准溶液的消耗量（mL），
　　　0.053——碳酸钠毫克当量。

四、准备试样

1. 生石灰试样：将生石灰样品打碎，使颗粒不大于 1.18 mm。拌和均匀后用四分法缩减至 200 g 左右，放入瓷研钵中研细。再经四分法缩减至 20 g 左右。研磨所得石灰样品，通过 0.15 mm（方孔筛）的筛，从此细样中均匀挑取 10 余克，置于称量瓶中在 105 ℃烘干至恒重，储于干燥器中，供试验用。

2. 消石灰试样：将消石灰样品用四分法缩减至 10 余克左右。如有大颗粒存在，须在瓷研钵中磨细至无不均匀颗粒存在为止。置于称量瓶中在 105 ℃烘箱内烘干至恒重，储于干燥器中，供试验用。

五、试验步骤

1. 称取约 0.5 g（用减量法称，准确至 0.000 1 g）试样，记录为 m_1，放入干燥的 250 mL 具塞三角瓶中，取 5 g 蔗糖覆盖在试样表面，投入干玻璃珠 15 粒，迅速加入新煮沸并已冷却的蒸馏水 50 mL，立即加塞振荡 15 min（如有试样结块或粘于瓶壁现象，则应重新取样）。

2. 打开瓶塞，用水冲洗瓶塞及瓶壁，加入 2~3 滴酚酞指示剂，记录滴定管中盐酸标准溶液体积 V_3，用已标定的约 0.5 mol/L 盐酸溶液滴定（滴定速度以 2~3 滴/s 为宜），至溶液的粉红色显著消失并在 30 s 内不再复现即为终点，记录滴定管中盐酸标准溶液的体积 V_4。V_3、V_4 的差值即为盐酸标准溶液的消耗量 V_5。

六、计算

有效氧化钙的百分含量按下式计算：

$$X = \frac{V_5 \times M \times 0.028}{m_1} \times 100$$

式中：X——有效氧化钙的含量（%）；

V_5——滴定时消耗盐酸标准溶液的体积（mL）；

0.028——氧化钙毫克当量；

m_1——试样质量（g）；

M——盐酸标准溶液的浓度（mol/L）。

对同一石灰样品至少应做两个试样和进行两次测定，并取两次结果的平均值代表最终结果。石灰中氧化钙和有效钙含量在 30% 以下的允许重复性误差为 0.40，30%~50% 的为 0.50，大于 50% 的为 0.60。

石灰中有效氧化钙含量测定表格

试验次数	试样质量 M（g）	盐酸当量溶浓度 N	盐酸溶液耗量 V（mL）	有效氧化钙含量 X_1（%）	平均值（%）
1					
2					
试验		计算		复核	年 月 日

试验指导书及报告（二）

学习领域	道路工程试验与检测
学习情境	学习情境3.1　路面材料检测
任　务	任务3.1.1　活性氧化镁含量的测定
班　级	姓名

一、试验目的和适用范围

本试验方法适用于测定各种石灰的总氧化镁含量。

二、仪器设备

1. 方孔筛：0.15 mm，1个。
2. 烘箱：50～250 ℃，1台。
3. 干燥器：ϕ25 cm，1个。
4. 称量瓶：ϕ30 mm×50 mm，10个。
5. 瓷研钵：ϕ12～13 mm，1个。
6. 分析天平：万分之一，1台。
7. 架盘天平：感量0.1 g，1台。
8. 电炉：1500 W，1个。
9. 石棉网：20 cm×20 cm，1块。
10. 玻璃珠：ϕ3 mm，1袋（0.25 kg）。
11. 具塞三角瓶：250 mL，20个。
12. 漏斗：短颈，3个。
13. 塑料洗瓶：1个。
14. 塑料桶：20 L，1个。
15. 下口蒸馏水瓶：5 000 mL，1个。
16. 三角瓶：300 mL，10个。
17. 容量瓶：250 mL、1 000 mL，各1个。
18. 量筒：200 mL、100 mL、50 mL、5 mL，各1个。
19. 试剂瓶：250 mL、1 000 mL，各5个。
20. 塑料试剂瓶：1 L，1个。
21. 烧杯：50 mL，5个；250 mL（或300 mL），10个。
22. 棕色广口瓶：60 mL，4个；250 mL，5个。

三、化学试剂

1. 1∶10盐酸：将1体积盐酸（相对密度1.19）以10体积蒸馏水稀释。
2. 氢氧化铵-氯化铵缓冲溶液：将67.5 g氯化铵溶于300 mL无二氧化碳蒸馏水中，加浓氢氧化铵（氨水）（相对密度为0.90）570 mL，然后用水稀释至1 000 mL。

3. 酸性铬兰 K-萘酚绿 B（1∶2.5）混合指示剂：称取 0.3 g 酸性铬兰 K 和 0.75 g 萘酚绿 B 与 50 g 已在 105℃烘干的硝酸钾混合研细，保存于棕色广口瓶中。

4. EDTA 二钠标准溶液：将 10gEDTA 二钠溶于 40~50℃蒸馏水中，待全部溶解并冷至室温后，用水稀释至 1 000 mL。

5. 氧化钙标准溶液：精确称取 1.784 8 g 在 105℃烘干（2 h）的碳酸钙（优级纯），置于 250 mL 烧杯中，盖上表面皿，从杯嘴缓慢滴加 1∶10 盐酸 100 mL，加热溶解，待溶液冷却后，移入 1 000 mL 的容量瓶中，用新煮沸冷却后的蒸馏水稀释至刻度摇匀。此溶液每毫升的 Ca^{2+} 含量相当于 1 mg 氧化钙的 Ca^{2+} 含量。

6. 20%的氢氧化钠溶液：将 20 g 氢氧化钠溶于 80 mL 蒸馏水中。

7. 钙指示剂：将 0.2 g 钙试剂羟酸钠和 20 g 已在 105℃烘干的硫酸钾混合研细，保存于棕色广口瓶中。

8. 10%酒石酸钾钠溶液：将 10 g 酒石酸钾钠溶于 90 mL 蒸馏水中。

9. 三乙醇胺（1∶2）溶液：将 1 体积三乙醇胺以 2 体积蒸馏水稀释摇匀。

四、EDTA 标准溶液与氧化钙和氧化镁关系的标定

1. 精确吸取 V_1=50 mL 氧化钙标准溶液放于 300 mL 三角瓶中，用水稀释至 100 mL 左右，然后加入钙指示剂约 0.2 g，以 20%氢氧化钠溶液调整溶液碱度到出现酒红色，再过量加 3~4mL，然后以 EDTA 二钠标准液滴定，至溶液由酒红色变成纯蓝色时为止。

2. EDTA 二钠标准溶液对氧化钙滴定度按下式计算：

$$T_{CaO} = CV_1 / V_2$$

式中：T_{CaO}——EDTA 标准溶液对氧化钙的滴定度，即 1 mL 的 EDTA 标准溶液相当于氧化钙的毫克数；

C——1 mL 氧化钙标准溶液含有氧化钙的毫克数，等于 1；

V_1——吸取氧化钙标准溶液体积（mL）；

V_2——消耗 EDTA 标准溶液体积（mL）。

3. EDTA 二钠标准溶液对氧化镁的滴定度（T_{MgO}），即 1 mL EDTA 二钠标准液相当于氧化镁的毫克数按下式计算：

$$T_{MgO} = T_{CaO} \times \frac{40.31}{56.08} = 0.27 T_{CaO}$$

五、准备试样

1. 生石灰试样：将生石灰样品打碎，使颗粒不大于 1.18 mm。拌和均匀后用四分法缩减至 200 g 左右，放入瓷研钵中研细。再经四分法缩减至 20 g 左右。研磨所得石灰样品，通过 0.15 mm（方孔筛）的筛，从此细样中均匀挑取 10 余克，置于称量瓶中在 105℃烘至恒重，储于干燥器中，供试验用。

2. 消石灰试样：将消石灰样品用四分法缩减至 10 余克左右。如有大颗粒存在，须在瓷研钵中磨细至无不均匀颗粒存在为止。置于称量瓶中在 105℃烘箱内烘干至恒重，储于干燥器中，供试验用。

六、试验步骤

1. 称取约 0.5 g（精确至 0.000 1 g）试样，记录为 m，放入干燥的 250 mL 烧杯中，用水湿润，加 1∶10 盐酸 30 mL，用表面皿盖住烧杯，加热至微沸，并保持微沸 8~10 min。

2. 用水把表面皿洗净，冷却后把烧杯内的沉淀及溶液移入 250 mL 容量瓶中，加水至刻度摇匀。

3. 待溶液沉淀后，用移液管吸取 25 mL 溶液，放入 250 mL 三角瓶中，加 50 mL 水稀释后，加酒石酸钾钠溶液 1 mL、三乙醇胺溶液 5 mL，再加入铵-铵缓冲溶液 10 mL（此时待测溶液的 pH=10）、酸性铬兰 K-萘酚绿 B 指示剂约 0.1 g。记录滴定管中初始 EDTA 二钠标准溶液体积 V_5，用 EDTA 二钠标准溶液滴定，至溶液由酒红色变为纯蓝色时即为终点，记录滴定管中 EDTA 二钠标准溶液体积 V_6，V_5、V_6 的差值即为滴定钙镁含量的 EDTA 二钠标准溶液的消耗量 V_3。

4. 再从同一容量瓶中，用移液管吸取 25 mL 溶液，置于 300 mL 三角瓶中，加水 150 mL 稀释后，加三乙醇胺溶液 5 mL 及 20%氢氧化钠溶液 5 mL（此时待测溶液的 pH≥12），放入约 0.2g 钙指示剂。记录滴定管中初始 EDTA 二钠标准溶液体积 V_7，用 EDTA 二钠标准溶液滴定，至溶液由酒红色变为蓝色即为终点，记录 EDTA 二钠标准溶液的体积 V_8。V_7、V_8 的差值即为滴定钙离子的 EDTA 二钠标准溶液的消耗量 V_4。

七、计算

氧化镁的百分含量（X）按下式计算：

$$X = \frac{T_{MgO}(V_3 - V_4) \times 10}{m \times 1000} \times 100$$

式中：X——氧化镁的含量（%）；

T_{MgO}——EDTA 二钠标准溶液对氧化镁的滴定度；

V_3——滴定钙镁含量消耗 EDTA 二钠标准溶液体积（mL）；

V_4——滴定钙消耗 EDTA 二钠标准溶液体积（mL）；

10——总溶液对分取溶液的体积倍数；

m——试样质量（g）。

对同一石灰样品至少应做两个试样和进行两次测定，读数精确至 0.1 mL。取两次测定结果平均值代表最终结果。

石灰中有效氧化镁含量测定表格

试验次数	试样质量 m（g）	EDTA 二钠对氧化镁的滴定度 T_{MgO}	EDTA 二钠耗量（mL）		氧化镁含量 X（%）	平均值（%）
			滴定钙镁含量 V_1	滴定钙 V_2		
1						
2						
试验		计算		复核		年 月 日

课外作业

学习领域	道路工程试验与检测
学习情境	学习情境3.1 路面材料检测
任务	任务3.1.1 活性氧化钙、氧化镁含量测定

课外作业

1. 石灰的最主要技术指标（　　）。
   A. 活性氧化钙和活性氧化镁含量　　　B. 氧化钙加氧化镁含量
   C. 活性氧化钙加氧化镁含量
2. 氧化镁含量为（　　）是划分钙质石灰和镁质石灰的界限。
   A. 5%　　　　B. 10%　　　　C. 15%　　　　D. 20%
3. 有效氧化钙测定中，酚酞指示剂加入试样溶液中，溶液呈（　　）色。
   A. 黄　　　　B. 红　　　　C. 玫瑰红　　　　D. 粉红
4. 石灰按其氧化镁含量，分为（　　）和（　　）两大类石灰。

参考答案

1. C　　2. A　　3. D
4. 钙质、镁质

任务3.1.2　水泥或石灰稳定土中石灰水泥剂量测定

学习目标：

能够进行水泥或石灰稳定土中石灰水泥剂量测定。

教学设计

学习情境3.1　路面材料检测		总学时	16
任务3.1.2　水泥或石灰稳定土中石灰水泥剂量测定		学时	4
分组情况	大组：5组	每组（人）	8~9
	小组：10组		4~5
教学目标	知识目标	掌握水泥或石灰稳定土中水泥或石灰剂量的测定方法	
	能力目标	1. 具备独立学习、获取新知识的能力，有一定的逻辑思维能力、分析问题和解决问题的能力； 2. 具备与人交往、团队协作的能力，养成科学严谨的态度； 3. 能够熟练使用滴定管等试验仪器	

续表

学习内容	1．水泥稳定土中水泥剂量的测定； 2．石灰稳定土中石灰剂量的测定
教学方法	案例教学法、项目教学法、小组讨论法、引导文法、实践操作法
教学资源	1．樊兴华，《道路工程试验与检测》多媒体课件； 2．刘超群，《道路工程试验与检测》任务工作单； 3．刘超群主编，道路工程试验与检测，西南交通大学出版社，2014.8（参考书）
需导入的技术标准	1．《公路工程无机结合料稳定类材料试验规程》（JTG E51—2009）[S].北京：中华人民共和国交通运输部发布，2009． 2．《公路工程质量检验评定标准 第一册 土建工程》（JTG F80/1—2004）[S].北京：中华人民共和国交通运输部发布，2004．
教学条件	一体化教室、计算器、可以上网查资料的电脑工作台、有关规范和规程

重点： 1．水泥稳定土中水泥剂量的测定； 2．石灰稳定土中石灰剂量的测定 难点：标准曲线的绘制	解决方案： 老师讲解、示范、学生分组练习
学生应具备的知识能力与素质	学生应具备试验操作及试验仪器使用的能力
对教师的能力要求	1．课程相关的专业能力； 2．组织课堂的能力； 3．项目任务设计能力、项目组织经验、生产组织能力、协调与沟通能力等方法能力和社会能力
教学组织实施	1．下发学习任务工作单：先期给学生下发学习任务工作单，学生利用课余时间，利用教材、网络、参考资料等预习相关内容。 2．讲授新课：水泥或石灰稳定土中水泥或石灰剂量的测定方法。 3．项目准备：将全班学生以每组4～5人或8～9人进行分组，每组选出负责人1名。 4．下发任务：在规定的时间内完成水泥稳定土中水泥剂量的测定。 5．制订计划：各小组负责人督促本组成员完成项目计划，并对小组成员进行任务分工。 6．项目实施：各小组长组织本小组同学讨论，确定计算办法；教师进行巡查，了解每小组的进度，督促各小组成员按计划积极参与任务的完成；各小组成员按分工的任务积极完成；教师对学生提出的问题进行指导，激发学生的学习动力；组长负责计算成果的汇总，并形成汇报材料。 7．项目展示：每个小组派一名代表对本组试验的操作过程和试验数据进行相关说明，并接受其他组同学的提问。 8．项目评价：每个小组发放一份考核评价表，对除本组之外的其他组进行客观的评分。 9．教师点评：教师对每个小组的作品进行点评，充分肯定每个小组的成果，同时指出其存在的不足和需要改进的思路和方法，使学生能够真正有所提高

学生学习任务工作单

学习领域	道路工程试验与检测		
学习情境	学习情境 3.1　路面材料检测		
任　务	任务 3.1.2　水泥或石灰稳定土中水泥或石灰剂量的测定		
班　级		姓　名	
学习小组		工作时间	

任务描述

通过本学习情境的学习，要求学生能够做到：
1. 了解路面材料试验检测项目；
2. 掌握水泥或石灰稳定土中石灰水泥剂量的测定；
3. 能够进行数据的处理和表达。

引导文

【基础知识的认知】

1. 水泥剂量的定义是什么？

2. 水泥或石灰剂量的测定方法有哪些？

3. 简述水泥或石灰剂量的测定步骤。

【动手能力的训练】

1. 测定石灰稳定土灰剂量，已知混合料的最佳含水率=8.0%，土的风干含水率=2.0%，石灰的风干含水率=1.0%，设计灰剂量为 4%，计算表列各材料质量。（计算结果准确至 0.01 g）

灰剂量	4%
湿混合料质量	100g
干混合料质量	
干土质量	
干石灰质量	
湿土质量	
湿石灰质量	
石灰土中需加水的质量	

请结合自己的认识，说出对试验与检测数据处理学习情境的其他说明，列写出你们小组提出的其他问题：

任务学习其他说明或建议：

指导教师评语：

任务完成人签字：　　　　　　　　　　　　　日期：　　年　　月　　日
指导教师签字：　　　　　　　　　　　　　　日期：　　年　　月　　日

考核评价表

学习领域课程		道路工程试验与检测		学时：64学时		
学习情境3.1		路面材料检测		学时：16学时		
任务3.1.2		灰剂量测定		学时：4学时		
	评价指标		分值	学生自评	组员互评	教师评价
自主学习	1．是否课前预习		5			
	2．主动学习，积极分析		5			
	3．查阅资料、获取信息		10			
职业素养	4．团队意识、协作精神及对小组的贡献		5			
	5．沟通及表达能力		5			
	6．爱护仪器设备、遵守操作规程		10			
知识掌握程度	7．回答问题的准确性		5			
	8．小组讨论发言的积极性		5			
	9．学生提问的深度、积极性		10			
	10．汇报完整、思路清晰		10			
实践能力	11．得出数据的正确性		10			
	12．数据资料的完整性		10			
	13．数据资料的改进		10			
	小计		100			

试验指导书及报告

学习领域	道路工程试验与检测
学习情境	学习情境3.1 路面材料检测
任务	任务3.1.2 水泥或石灰稳定土中水泥或石灰剂量的测定 EDTA滴定法（T0809—2009）
班级	姓名

一、试验目的和适用范围

1. 本试验方法适用于在工地快速测定水泥和石灰稳定土中水泥和石灰的剂量，并可用以检查现场拌和和摊铺的均匀性。

2. 本方法适用于在水泥终凝之前的水泥含量测定，现场土样的石灰剂量应在路拌后尽快测试，否则需要用相应龄期的EDTA二钠标准溶液消耗量的标准曲线确定。

3. 本方法也可以用来测定水泥和石灰综合稳定土中结合料的剂量。

二、仪器设备

1. 滴定管（酸式）：50 mL，1支。
2. 滴定台，1个。
3. 滴定管夹，1个。
4. 大肚移液管：10 mL、50 mL，10支。
5. 锥形瓶（即三角瓶）：200 mL，20个。
6. 烧杯：2 000 mL（或1 000 mL），1只；300 mL，10只。
7. 容量瓶：1 000 mL，1个。
8. 搪瓷杯：容量大于1 200 mL，10只。
9. 不锈钢棒（或粗玻璃棒），10根。
10. 量筒：100 mL和5 mL，各1只；50 mL，2只。
11. 棕色广口瓶：60 mL，1只（装钙红指示剂）。
12. 电子天平：量程不小于1 500 g，感量0.1 g。
13. 秒表1只。
14. 表面皿：ϕ9 cm，10个。
15. 研钵：ϕ12~13 cm，1个。
16. 洗耳球：1个。
17. 精密试纸：pH12~14。
18. 聚乙烯桶：20 L（装蒸馏水和氯化铵及EDTA二钠标准溶液），3个；5L（装氯化铵及EDTA二钠标准液）1个；5 L（大口桶），10个。
19. 毛刷、去污粉、吸水管、塑料勺、特种铅笔、厘米纸。

20. 洗瓶（塑料）500 mL，1只。

三、试剂

1. 0.1 mol/m³ 乙二胺四乙酸二钠（EDTA 二钠）标准液（简称 EDTA 二钠标准溶液）：准确称取 EDTA 二钠（分析纯）37.23 g，用 40~50℃ 的无氧化碳蒸馏水溶解，待全部溶解并冷至室温后，定容至 1 000 mL。

2. 10%氯化铵（NH_4Cl）溶液：将 500 g 氯化铵（分析纯或化学纯）放在 10 L 的聚乙烯桶内，加蒸馏水 4 500 mL，充分振荡，使氯化钠完全溶解。也可以分批在 1 000 mL 的烧杯内配制，然后倒入塑料桶内摇匀。

3. 1.8%氢氧化钠（内含三乙醇胺）溶液：用电子天平称 18 g 氢氧化钠（NaOH）（分析纯），放入洁净干燥的 1 000 mL 烧杯中，加 1 000 mL 蒸馏水使其全部溶解。待溶液冷至室温后，加入 2mL 三乙醇胺（分析纯），搅拌均匀后储于塑料桶中。

4. 钙红指示剂：将 0.2 g 钙试剂羟酸钠（分子式 $C_{21}H_{13}O_7N_2SNa$，分子量 460.39）与 20 g 预先在 105℃ 烘箱中烘 1 h 的硫酸钾混合。一起放入研钵中，研成极细粉末，储于棕色广口瓶中，以防吸潮。

四、准备标准曲线

1. 取样：取工地用石灰和土（如为水泥可假定其含水率为 0%）。
2. 混合料组成的计算：
（1）公式：干料质量=湿料质量/（1+含水率）
（2）计算步骤：
① 干混合料质量=湿混合料质量/（1+最佳含水率）
② 干土质量=干混合料质量/（1+石灰或水泥剂量）
③ 干石灰或水泥质量=干混合料质量 - 干土质量
④ 湿土质量=干土质量×（1+土的风干含水率）
⑤ 湿石灰质量=干石灰×（1+石灰的风干含水率）
⑥ 石灰中应加入的水=湿混合料质量 - 湿土质量 - 湿石灰质量

3. 准备 5 种试样，每种 2 个样品（以水泥稳定材料为例），如为水泥稳定中、粗粒土。每个样品取 1 000 g 左右（如为细粒土，则可称取 300 g 左右）准备试验。为了减少中、粗粒土的离散，宜按设计级配单份参配的方式备料。

5 种混合料的水泥剂量应为：水泥剂量为 0，最佳水泥剂量左右，最佳水泥剂量±2% 和 +4%[①]，每种剂量取两个（为湿质量）试样，共 10 个试样，并分别放在 10 个大口聚乙烯桶（如为稳定细粒土，可用搪瓷杯或 1 000 mL 具塞三角瓶；如为粗粒土，可用 5 L 的大口聚乙烯桶）内。土的含水量应等于工地预期达到的最佳含水量，土中所加的水应与工地所用水相同。

注①：在此，准备标准曲线的水泥剂量可为 0%、2%、4%、6%、8%。如水泥剂量较高或较低，应保证工地实际所用水泥或石灰的剂量位于标准曲线所用剂量的中间。

4. 取一个盛有试样的搪瓷杯，在盛样器内加入两倍试样质量（湿料质量）体积的 10%氯化铵溶液（如湿料质量 300 g，则氯化铵溶液为 600 mL；如湿料质量为 1 000 g，则氯化铵溶液为 2 000 mL）。料质量为 300 g，用不锈钢搅拌棒充分搅拌 3 min（每分钟搅 110~120 次）。

料为 1 000 g，搅拌 5 min。如用 1 000 mL 具塞三角瓶，则手握三角瓶（瓶口向上）用力振荡 3 min[每分钟（120±5）次]，以代替搅拌棒搅拌。放置沉淀 10 min②，然后将上部清液转移到 300 mL 烧杯内，搅匀，加盖表面皿待测。

注②：如 10 min 后得到的是混浊悬浮液，则应增加放置沉淀时间，直到出现无明显悬浮颗粒的悬浮液为止，并记录所需时间。然后所有该种水泥（或石灰）稳定材料的试验，均应以同一时间为准。

5. 用移液管吸取上层（液面上 1~2 cm）悬浮液 10.0 mL 放入 200 mL 的三角瓶内，用量筒量取 1.8%氢氧化钠（内含三乙醇胺）50 mL 倒入三角瓶中，此时溶液 pH 值为 12.5~13.0（可用 pH12~pH14 精密试纸检验），然后加入钙红指示剂（质量约为 0.2 g），摇匀，溶剂呈玫瑰红色。记住滴定管中 EDTA 二钠溶液的体积 V_1，然后用 EDTA 二钠标准液滴定，边滴定边摇匀，并仔细观察溶液的颜色；在溶液颜色变为紫色时，放慢滴定速度，应摇匀；直到纯蓝色为终点，记录滴定管中 EDTA 二钠溶液的体积 V_2（以 mL 计，读至 0.1mL）。计算 V_1-V_2，即为 EDTA 二钠标准溶液的消耗量。

6. 对其他几个盛样器中的试样，用同样的方法进行试验，并记录各自 EDTA 二钠的消耗量。

7. 以同一水泥或石灰剂量稳定材料 EDTA 二钠标准溶液消耗量(mL)的平均值为纵坐标，以水泥或石灰剂量（%）为横坐标制图。两者的关系应是一根顺滑的曲线，如图 3.1 所示。如素土、水泥或石灰改变，必须重做标准曲线。

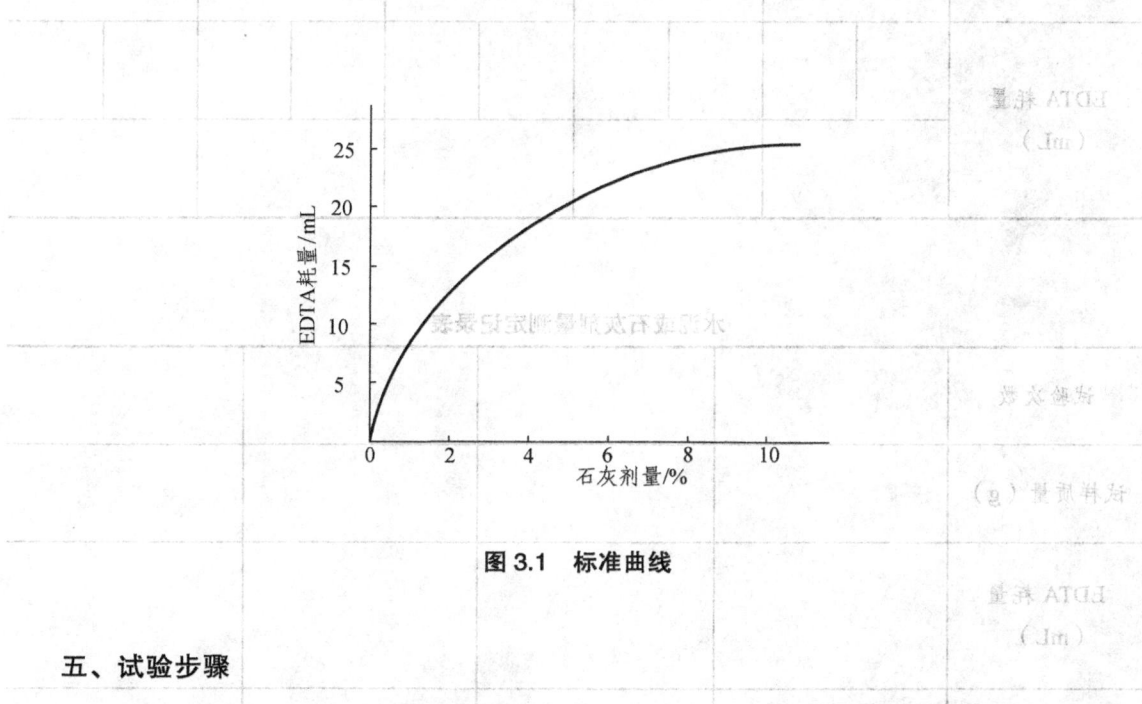

图 3.1 标准曲线

五、试验步骤

1. 选取有代表性的无机结合料稳定材料，对稳定中、粗粒土取试样约 3 000 g，对稳定细粒土，取试样约 1 000 g。

2. 对水泥或石灰稳定细粒土，称 300 g 放在搪瓷杯中，用搅拌棒将结块搅散，加 10%氯化铵溶液 600 mL，对稳定中、粗粒土取试样约 1 000 g，加 10%氯化铵溶液 2 000 mL，然后如前述步骤那样进行试验。

3. 利用所绘制的标准曲线，根据 EDTA 二钠标准溶液消耗量，确定混合料中的水泥或石灰剂量。

六、试验结果整理及记录

无机结合料稳定土灰剂量试验记录表

试验日期：　　年　　月　　日

工程名称					施工桩号					
结构层名称					稳定剂种类					
试样编号	①	②	③	④	⑤	⑥	⑦	⑧	⑨	⑩
结合料剂量（%）										
EDTA 耗量（mL）										

水泥或石灰剂量测定记录表

试验次数			
试样质量（g）			
EDTA 耗量（mL）			
结合料剂量（%）			

课外作业

学习领域	道路工程试验与检测
学习情境	学习情境 3.1 路面材料检测
任 务	任务 3.1.2 水泥或石灰稳定土中水泥或石灰剂量的测定

课外作业

1. EDTA 滴定法测定石灰剂量的实验工作：① 搅拌 3 min，放置 4 min，直到出现澄清悬浮液为止，记录时间，转移上部清液；② 移液管吸取上层悬浮液置于三角瓶，加入 1.8%氢氧化钠，加入钙红指示剂并摇匀；③ 称取 300 g 混合料放在搪瓷缸中，拌散并加入 600 g10%氯化铵溶液；④ 准备标准曲线；⑤ 选取有代表性的混合料；⑥ EDTA 标准溶液滴定，并记录消耗量。正确的实验顺序是（　　）。

  A. ④②③①⑤⑥   B. ④⑤③①②⑥
  C. ①⑤②③④⑥   D. ①⑤④③②⑥

2. EDTA 滴定法快速测定石灰土中石灰剂量试验中，钙红指示剂加入石灰土和氯化铵反应中，溶液呈（　　）色。

  A. 玫瑰红   B. 黄   C. 红   D. 蓝

3. 水泥稳定碎石采用集中厂拌法施工时，实际采用的水泥剂量可以比设计时确定的剂量（　　）。

  A. 增加 0.3% ~ 0.5%   B. 减少 5%
  C. 增加 1%   D. 减少 1%

4. EDTA 滴定法测定石灰剂量的标准曲线，石灰土试样是以含水率为 16%、湿质量 300 g，建立的，现工地上石灰土含水率 10%，应取湿试样（　　）。

5. 已知土的含水率为 8.7%，石灰的含水率为 3.2%，现在配制 1 000 g 含水率为 15.2%，石灰剂量为 8%的石灰土，需要土、石灰、水各多少克？

参考答案

1. B   2. A   3. A   4. 284.5 g

5. 配制 1 000 g 水量为 15.2%的石灰土需要干料为：1 000/(1+0.01×15.2)=868.1 g
需要干土的质量为：868.1/(1+0.01×8)=803.8 g
需要含水率为 8.7%土的质量为：803.8×(1+0.01×8.7)=873.7 g
需要干石灰的质量为：868.1-803.8=64.3 g
需要含水率为 3.2%石灰的质量为：64.3×(1+0.01×3.2)=66.4 g

任务 3.1.3　无机结合料稳定类材料的含水率和击实试验

学习目标：

能够进行无机结合料稳定类材料的含水率和击实试验。

教学设计

学习情境3：路面检测		总学时	30
学习子情境3.1：路面材料检测		学　时	16
任务3.1.3　无机结合料稳定类材料的含水率和击实试验		学　时	4
分组情况	大组：5组	每组（人）	8~9
	小组：10组		4~5
教学目标	知识目标	1. 能对无机结合料稳定类材料进行含水率试验和击实试验，并能得出无机结合料的最佳含水率和最大干密度	
	能力目标	1. 具备独立学习、获取新知识的能力，有一定的逻辑思维能力、分析问题和解决问题的能力； 2. 具备与人交往、团队协作的能力，养成科学严谨的态度	
学习内容	1. 无机结合料稳定类材料的含水率试验； 2. 无机结合料稳定类材料的击实试验		
教学方法	案例教学法、项目教学法、小组讨论法、引导文法、实践操作法		
教学资源	1. 刘超群等，《道路工程试验与检测》多媒体课件； 2. 李刚、樊兴华、欧阳志等《道路工程试验与检测》工作单； 3. 视频：无机结合料稳定类材料含水率和击实试验； 4. 刘超群主编，《道路工程试验与检测》，西南交通大学出版社，2014.8（参考书）； 5. 李林军主编，《公路工程试验检测技术实训指导书》，西南交通大学出版社，2008.8		
需导入的技术标准	1.《公路工程无机结合料稳定类材料试验规程》（JTG E51—2009）[S]. 北京：中华人民共和国交通运输部发布，2009. 2.《公路工程质量检验评定标准 第一册 土建工程》（JTG F80/1—2004）[S]. 北京：中华人民共和国交通运输部发布，2004.		

续表

教学条件	一体化教室、计算器、可以上网查资料的电脑工作台、有关规范和规程	
重点： 1．无机结合料稳定类材料的含水率试验； 2．无机结合料稳定类材料的击实试验 难点： 无机结合料稳定类材料的击实试验		解决方案： 采用任务驱动的教学方法，为带有关键词的卡片排序。 各小组随机抽取卡片，用自己的语言结合检测仪器向同学复述所抽取卡片的内容
学生应具备的知识能力与素质		学生应具备路基路面施工的相关知识
对教师的能力要求	1．课程相关的专业能力； 2．组织课堂的能力； 3．项目任务设计能力、项目组织经验、生产组织能力、协调与沟通能力等方法能力和社会能力	
教学组织实施	1．下发学习任务工作单：先期给学生下发学习任务工作单，学生利用课余时间，利用教材、网络、参考资料等预习相关内容。 2．讲授新课：无机结合料稳定类材料的含水率和击实试验。 3．项目准备：将全班学生以每组4~5人或8~9人进行分组，每组选出负责人1名。 4．下发任务：通过阅读学习资料，分组讨论，为带有关键词的卡片排序。各小组随机抽取卡片，用自己的语言结合检测仪器向同学复述所抽取卡片的内容，小组其他成员可做补充。 5．制订计划：各小组负责人督促本组成员完成项目计划，并对小组成员进行任务分工。 6．项目实施：各小组长组织本小组同学讨论，确定计算办法；教师进行巡查，了解每小组的进度，督促各小组成员按计划积极参与任务的完成；各小组成员按分工的任务积极完成；教师对学生提出的问题进行指导，激发学生的学习动力；组长负责计算成果的汇总，并形成汇报材料。 7．项目展示：每个小组派一名代表对本组分析处理的过程、方法和结果进行相关说明，并接受其他组同学的提问。 8．项目评价：每个小组发放一份考核评价表，对除本组之外的其他组进行客观的评分。 9．教师点评：教师对每个小组的作品进行点评，充分肯定每个小组的成果，同时指出其存在的不足和需要改进的思路和方法，使学生能够真正有所提高，达到正确处理试验检测数据的能力。 10．项目完善：每组继续修改各自的试验数据，根据需要可重新试验，以进一步提高自身的操作水平		

学生学习任务工作单

学习领域	道路工程试验与检测	
学习情境	学习情境 3.1　路面材料检测	
任　务	任务 3.1.3　无机结合料稳定类材料的含水率和击实试验	
班　级		姓　名
学习小组		工作时间

任务描述

通过本学习情境的学习，要求学生能够做到：

1. 了解基层和底基层试验检测项目；
2. 掌握水泥或石灰稳定类材料的含水率试验；
3. 掌握无机结合料稳定类材料的击实试验；
4. 能够进行数据的处理和表达。

引导文

【基础知识的认知】

1. 无机结合料稳定土测含水率时应注意什么问题？

2. 普通土击实和无机结合料稳定材料击实有什么不同？

【动手能力的训练】

1. 某试验室进行石灰土击实试验,已知击实筒的容积是 997 cm³,质量是 2 400 g,击实后试件加击实筒的质量是 4 374 g,试样的含水率为 15%,试计算该试件的干密度。

请结合自己的认识,说出对路面材料检测学习情境的其他说明,列写出你们小组提出的其他问题:

小组讨论本小组的学习评价表,相互评价,请给出小组成员的得分:

任务学习其他说明或建议:

指导教师评语:

任务完成人签字: 日期: 年   月   日
指导教师签字: 日期: 年   月   日

考核评价表

学习领域	道路工程试验与检测		学时：64学时
学习情境3	路面检测		学时：30学时
学习子情境3.1	路面材料检测		学时：16学时
任务3.1.3	无机结合料稳定类材料的含水率和击实试验		学时：4学时
班　级		姓　名	
学习小组		工作时间	

	评价指标	分值	学生自评	组员互评	教师评价
自主学习	1．是否课前预习	5			
	2．主动学习，积极分析	5			
	3．查阅资料、获取信息	10			
职业素养	4．团队意识、协作精神及对改组的贡献	5			
	5．沟通及表达能力	5			
	6．爱护仪器设备、遵守操作规程	10			
知识掌握程度	7．回答问题的准确性	5			
	8．小组讨论发言的积极性	5			
	9．学生提问的深度、积极性	10			
	10．汇报完整、思路清晰	10			
实践能力	11．是否得出最佳含水率和最大干密度	10			
	12．数据资料的完整性	10			
	13．数据资料的改进	10			
	小计	100			

试验指导书及报告（一）

学习领域	道路工程试验与检测		
学习情境	学习情境3.1　路面材料检测		
任　务	任务3.1.3　无机结合料稳定类材料的含水率（T0801—2009）		
班　级		姓　名	

一、试验目的和适用范围

本方法适用于测定水泥、石灰、粉煤灰及无机结合料稳定材料的含水率。

二、仪器设备

1. 水泥、粉煤灰、生石灰粉、消石灰和消石灰粉、稳定细粒土
（1）烘箱：量程不小于110℃，控温精度为±2℃。
（2）铝盒：直径约50 mm，高25~30 mm。
（3）电子天平：量程不小于150 g，感量0.01 g。
（4）干燥器：直径200~250 mm，并用硅胶做干燥剂。

2. 稳定中粒土
（1）烘箱：量程不小于110℃，控温精度为±2℃。
（2）铝盒：能放样品500 g以上。
（3）电子天平：量程不小于1 000 g，感量0.1 g。
（4）干燥器：直径200~250 mm，并用硅胶做干燥剂。

3. 稳定粗粒土
（1）烘箱：量程不小于110℃，控温精度为±2℃。
（2）铝盒：能放样品2 000 g以上。
（3）电子天平：量程不小于3 000 g，感量0.1 g。
（4）干燥器：直径200~250 mm，并用硅胶做干燥剂。

三、试验步骤（可根据需要调整项目）

1. 水泥、粉煤灰、生石灰粉、消石灰和消石灰粉、稳定细粒土

（1）取清洁干燥的铝盒，称其质量 m_1，并精确至0.01 g；取约50 g试样（对生石灰粉、消石灰和消石灰粉 100 g），经手工木锤粉碎后松放在铝盒中，应尽快盖上盒盖，尽量避免水分散失，称其质量 m_2，并精确至0.01 g。

（2）对于水泥稳定材料，将烘箱温度调到110℃；对于其他材料，将烘箱调到105℃。待烘箱达到设定的温度后，取下盒盖，并将盛有试样的铝盒放在盒盖上，然后一起放入烘箱中进行烘干，需要的烘干时间随土类和试样数量而改变。当冷却试样连续两次称量的差（每次间隔时间4 h）不超过原试样质量的0.1%时，即认为样品已烘干。

（3）烘干后，从烘箱中取出盛有试样的铝盒，并将盒盖盖紧，放置冷却。

（4）将盛有烘干试样的铝盒放入干燥器内冷却。然后称铝盒和烘干试样的质量 m_3，并精

确至 0.01 g。

2. 稳定中粒土

（1）取清洁干燥的铝盒，称其质量 m_1，并精确至 0.1 g；取 500 g 试样（至少 300 g），经粉碎后松放在铝盒中，盖上盒盖，称其质量 m_2，并精确至 0.1 g。

（2）对于水泥稳定材料，将烘箱温度调到 110℃；对于其他材料，将烘箱调到 105℃。待烘箱达到设定的温度后，取下盒盖，并将盛有试样的铝盒放在盒盖上，然后一起放入烘箱中进行烘干，需要的烘干时间随土类和试样数量而改变。当冷却试样连续两次称量的差（每次间隔时间 4 h）不超过原试样质量的 0.1%时，即认为样品已烘干。

（3）烘干后，从烘箱中取出盛有试样的铝盒，并将盒盖盖紧，放置冷却。

（4）将盛有烘干试样的铝盒放入干燥器内冷却，然后称铝盒和烘干试样的质量 m_3，并精确至 0.01 g。

3. 稳定粗粒土

（1）取清洁干燥的铝盒，称其质量 m_1，并精确至 0.1 g；取 2 000 g 试样经粉碎后松放在铝盒中，盖上盒盖，称其质量 m_2，并精确至 0.1 g。

（2）对于水泥稳定材料，将烘箱温度调到 110℃；对于其他材料，将烘箱调到 105℃。待烘箱达到设定的温度后，取下盒盖，并将盛有试样的铝盒放在盒盖上，然后一起放入烘箱中进行烘干，需要的烘干时间随土类和试样数量而改变。当冷却试样连续两次称量的差（每次间隔时间 4 h）不超过原试样质量的 0.1%时，即认为样品已烘干。

（3）烘干后，从烘箱中取出盛有试样的铝盒，并将盒盖盖紧，放置冷却。

（4）将盛有烘干试样的铝盒放入干燥器内冷却。然后称铝盒和烘干试样的质量 m_3，并精确至 0.01 g。

四、计算

计算无机结合料稳定材料的含水率。

$$\omega = \frac{m_2 - m_1}{m_3 - m_1}$$

式中：ω——无机结合料稳定材料的含水率（%）；

m_1——铝盒的质量（g）；

m_2——铝盒和湿稳定材料的合计质量（g）；

m_3——铝盒和干稳定材料的合计质量（g）。

五、结果整理

本试验应进行两次平行测定，取算术平均值，保留至小数点后两位。允许重复性误差应符合下表的要求。

含水率（%）	允许误差（%）	含水率（%）	允许误差（%）
≤7	≤0.5	>40	≤2
>7, ≤40	≤1		

六、试验结果整理及记录

无机结合料稳定材料含水率测定记录表

工程名称		试验日期	
试样位置		试验者	
试验编号		试验方法	
盒号			
盒的质量 m_1（g）			
盒+湿试样的质量 m_2（g）			
盒+干试样的质量 m_3（g）			
水的质量 m_2-m_3（g）			
干试样的质量 m_3-m_4（g）			
含水率（%）			

试验指导书及报告（二）

学习领域	道路工程试验与检测
学习情境	学习情境3.1 路面材料检测
任 务	任务3.1.3 无机结合料稳定类材料击实试验方法（T0804—1994）
班 级	姓 名

一、试验目的和适用范围

1. 本试验法适用于在规定的试筒内，对水泥稳定材料（在水泥水化前）、石灰稳定土及石灰（或水泥）粉煤灰稳定土进行击实试验，以绘制稳定土的含水率—干密度关系曲线，从而确定其最佳含水率和最大干密度。

2. 试验集料的最大粒径宜控制在37.5 mm以内（方孔筛）。

3. 试验方法类别。本试验方法分3类，各类击实方法的主要参数见表3.1。

表3.1 试验方法类别表

类 别	锤的质量（kg）	锤击面直径（cm）	落高（cm）	试筒尺寸			锤击层数	每层锤击次数	平均单位击实功（J）	容许最大粒径（mm）
				内径（cm）	高（cm）	容积（cm）				
甲	4.5	5.0	45	10.0	12.7	997	5	27	2.687	19.0
乙	4.5	5.0	45	15.2	12.0	2177	5	59	2.687	19.0
丙	4.5	5.0	45	15.2	12.0	2177	3	98	2.677	37.5

二、仪器设备

1. 击实筒：小型，内径100 mm、高127 mm的金属圆筒，套环高50 mm，底座；中型，

93

内径 152 mm、高 170 mm 的金属圆筒，套环高 50 mm，直径 151 mm 和高 50 mm 的筒内垫块，底座。

2. 多功能自控电动击实仪：击锤的底面直径 50 mm，总质量 4.5 kg。击锤在导管内的总行程为 450 mm。可设置击实次数，并保证击锤自由垂直落下，落高应为 450 mm，锤迹均匀分布于试样面。

3. 电子天平：量程 4 000 g，感量 0.01 g。

4. 台秤：量程 15 kg，感量 0.1 g。

5. 方孔筛：孔径 53 mm、37.5 mm 或 26.5 mm、19 mm、4.75 mm、2.36 mm 的筛各 1 个。

6. 量筒：50 mL、100 mL 和 500 mL 的量筒各 1 个。

7. 直刮刀：长 200～250 mm、宽 30 mm 和厚 3 mm 且一侧开口的直刮刀，用以刮平和修饰粒料大试件的表面。

8. 刮土刀：长 150～200 mm、宽约 20 mm 的刮刀，用以刮平和修饰小试件的表面。

9. 工字形刮平尺：30 mm×50 mm×310 mm，上下两面和侧面均刨平。

10. 拌和工具：约 400 mm×600 mm×70 mm 的长方形金属盘，拌和用平头小铲等。

11. 脱模器。

12. 测定含水率用的铝盒、烘箱等其他用具。

13. 游标卡尺。

三、试样准备（可根据需要调整项目）

1. 将具有代表性的风干试料（必要时，也可以在 50℃烘箱内烘干）用木锤或木碾捣碎。土团均应捣碎到能通过 4.75 mm 的筛孔，但应注意不使粒料的单个颗粒破碎或不使其破碎程度超过施工中拌和机械的破碎率。

2. 如试料是细粒土，将已捣碎的具有代表性的土过 4.75 mm 筛备用（用甲法或乙法做试验）；

3. 如试料中含有粒径大于 4.75 mm 的颗粒，则先将试料过 19 mm 的筛，如存留在筛孔 19 mm 筛的颗粒的含量不超过 10%，则过 26.5 mm 筛，料留作备用（用甲法或乙法做试验）；

4. 如试料中粒径大于 19 mm 的颗粒含量超过 10%，则将试料过 37.5mm 的筛；如果存留 37.5 mm 筛上的颗粒含量不超过 10%，则过 53 mm 的筛备用（用丙法试验）。

5. 每次筛分后，均应记录超尺寸颗粒的百分率 P。

6. 在预定做击实试验的前一天，取有代表性的试料测定其风干含水率。对于细粒土，试样应不少于 100 g；对于中粒土，试样应不少于 1 000 g；对于粗粒土的各种集料，试样应不少于 2 000 g。

四、试验步骤

1. 准备工作

在试验前应将试验所需要的各种仪器设备准备齐全，测量设备应满足精度要求；调试击实试验仪器，检查其运转是否正常。

2. 甲法

（1）将已筛分的试样用四分法逐次分小，至最后取出 10～15 kg 试料。再用四分法将已取出的试料分成 5～6 份，每份试料的干质量为 2.0 kg（对于细粒土）或 2.5 kg（对于各种中粒土）。

（2）预定 5～6 个不同含水率，依次相差 0.5%～1.5%，且其中至少有两个大于和两个小于最佳含水率。

（3）按预定含水率制备试样。将 1 份试料平铺于金属盘内，将事先计算得的该份试料中应加的水量均匀地喷洒在试料上，用小铲将试料充分拌和到均匀状态（如为石灰稳定材料和水泥、石灰综合稳定材料，可将石灰和试料一起拌匀），然后装入密闭容器或塑料口袋内浸润备用。

浸润时间：黏性土 12～24 h，粉性土 6～8 h，砂性土、砂砾土、红土砂砾、级配砂砾等可以缩短到 4 h 左右，含土很少的未筛分碎石、砂砾和砂可缩短到 2 h。浸润时间一般不超过 24 h。

应加水量可按下式计算：

$$Q_w = \left(\frac{Q_n}{1+0.01\omega_n} + \frac{Q_c}{1+0.01\omega_c} \right) \times 0.01\omega - \frac{Q_n}{1+0.01\omega_n} \times 0.01\omega_n - \frac{Q_c}{1+0.01\omega_c} \times 0.01\omega_c$$

式中：Q_w——混合料中应加的水量（g）；

Q_n——混合料中素土（或集料）的质量（g），其原始含水率为 ω_n，即风干含水率（%）；

Q_c——混合料中水泥或石灰的质量（g），其原始含水率为 ω_c（%）；

ω——要求达到的混合料的含水率（%）。

（4）将所需要的稳定剂水泥加到浸润后的试料中，并用小铲、泥刀或其他工具充分拌和到均匀状态。加有水泥的试样拌和后，应在 1 h 内完成下述击实试验，拌和后超过 1 h 的试样，应予作废（石灰稳定材料和石灰粉煤灰稳定材料除外）。

（5）试筒套环与击实底板应紧密联结。将击实筒放在坚实地面上，取制备好的试样（仍用四分法）400～500 g（其量应使击实后的试样等于或略高于筒高的 1/5）倒入筒内，整平其表面并稍加压紧，然后将其安装到多功能自控电动击实仪上，设定所需锤击次数，进行第 1 层试样的击实。第 1 层击实完后，检查该层高度是否合适，以便调整以后几层的试样用量。用刮土刀或螺丝刀将已击实层的表面"拉毛"，然后重复上述做法，进行其余 4 层试样的击实。最后一层试样击实后，试样超出试筒顶的高度不得大于 6 mm，超出高度过大的试件应该作废。

（6）用刮土刀沿套环内壁削挖（使试样与套环脱离）后，扭动并取下套环。齐筒顶细心刮平试样，并拆除底板。如试样底面略突出筒外或有孔洞，则应细心刮平或修补。最后用工字形刮平尺齐筒顶和筒底将试样刮平。擦净试筒的外壁，称其质量 m_1。

（7）用脱模器推出筒内试样。在试样内部从上到下取两个有代表性的样品（可将脱出试件用锤打碎后，用四分法采取），测定其含水率，计算至 0.1%。两个试样的含水率的差值不得大于 1%。所取样品的数量见表 3.2（如只取一个样品测定含水率，则样品的质量应为表列数值的两倍）。擦净试筒，称其质量 m_2。

表 3.2 测稳定土含水率的样品数量

最大粒径（mm）	样品质量（g）
2.36	约 50
19	约 300
37.5	约 1000

烘箱的温度应事先调整到 110℃左右，以使放入的试样能立即在 105～110℃的温度下烘干。

（8）按本方法（3）~（7）的步骤进行其余含水率下稳定材料的击实和测定工作。凡已用过的试样，一律不再重复使用。

3. 乙法

在缺乏内径 10 cm 的试筒时，以及在需要与承载比等试验结合起来进行时，采用乙法进行击实试验。本法更适宜于公称最大粒径达 19 mm 的集料。

（1）将已过筛的试料用四分法逐次分小，至最后取出约 30 kg 试料。再用四分法将取出的试料分成 5~6 份，每份试料的干重约为 4.4 kg（细粒土）或 5.5 kg（中粒土）。

（2）其他试验步骤与甲法的（2）~（8）相同，但应该先将垫块放入筒内底板上，然后加料并击实。所不同的是，每层需取制备好的试样约 900 g（对于水泥或石灰稳定细粒土）或 1 100 g（对于稳定中粒土），每层的锤击次数为 59 次。

3. 丙法

（1）将已过筛的试料用四分法逐次分小，至最后取出约 33 kg 试料。再用四分法将取出的试料分成 6 份（至少要 5 份），每份重约 5.5 kg（风干质量）。

（2）预定 5~6 个不同含水率，依次相差 0.5%~1.5%。在估计的最佳含水率左右可只差 0.5%~1%。

（3）按预定含水率制备试件，与甲法相同。

（4）将混合料拌和均匀，与甲法相同。

（5）将试筒、套环与夯击底板紧密地联结在一起，并将垫块放在筒内底板上。击实筒应放在坚实（最好是水泥混凝土）地面上；取制备好的试样 1.8 kg 左右［其量应使击实后的试样略高于（高出 1~2 mm）筒高的 1/3］倒入筒内，整平其表面，并稍加压紧。然后将其安装到多功能自控电动击实仪上，设定所需锤击次数，进行第 1 层试样的击实。第 1 层击实完后检查该层的高度是否合适，以便调整以后两层的试样用量。用刮土刀或螺丝刀将已击实的表面"拉毛"，然后重复上述做法，进行其余两层试样的击实。最后一层试样击实后，试样超出试筒顶的高度不得大于 6 mm。超出高度过大的试件应该报废。

（6）用刮土刀沿套环内壁削挖（使试样与套环脱离）后，扭动并取下套环。齐筒顶细心刮平试样，并拆除底板，取走垫块。擦净试筒的外壁，称其质量 m_1。

（7）用脱模器推出筒内试样。在试样内部从上到下取两个有代表性的样品（可将脱出试件用锤打碎后，用四分法采取），测定其含水率，计算至 0.1%。两个试样的含水率的差值不得大于 1%。所取样品的数量应不少于 700 g，如只取一个样品测定含水率，则样品的数量应不少于 1 400 g。烘箱的温度应事先调整到 110℃ 左右，以使放入的试样能立即在 105~110℃ 的温度下烘干。

（8）按本方法（3）~（7）进行其余含水率下稳定材料的击实和测定。凡已用过的试料，一律不再重复使用。

五、计算

1. 稳定材料湿密度计算

按下式计算每次击实后稳定材料的湿密度：

$$\rho_w = \frac{m_1 - m_2}{V}$$

式中：ρ_w ——稳定材料的湿密度（g/cm³）；
   m_1 ——试筒与湿试样的总质量（g）；
   m_2 ——试筒的质量（g）；
   V ——试筒的容积（cm³）。

2. 稳定材料干密度计算

按下式计算每次击实后稳定土的干密度：

$$\rho_d = \frac{\rho_w}{1+0.01\omega}$$

式中：ρ_d ——试样的干密度（g/cm³），
   ω ——试样的含水率（%）。

3. 制图

（1）以干密度为纵坐标，以含水率为横坐标，绘制含水率-干密度曲线。曲线必须为凸形的，如试验点不足以连成完整的凸形曲线，则应该进行补充试验。

（2）将试验各点采用二次曲线方法拟合曲线，曲线的峰值点对应的含水率及干密度即为最佳含水率和最大干密度。

4. 超尺寸颗粒的校正

当试详中大于规定最大粒径的超尺寸颗粒的含量为 5%～30%时，按下式对试验所得最大干密度和最佳含水率进行校正（超尺寸颗粒的含量小于 5%时，可以不进行校正）。

（1）最大干密度按下式校正：

$$\rho'_{dm} = \rho_{dm}(1-0.01P) + 0.9 \times 0.01PG'_\alpha$$

式中：ρ'_{dm} ——校正后的最大干密度（g/cm³）；
   ρ_{dm} ——试验所得的最大干密度（g/cm³）；
   P ——试样中超尺寸颗粒的百分率（%）；
   G'_α ——超尺寸颗粒的毛体积相对密度，计算精确至 0.01g/cm³。

（2）最佳含水率按下式校正：

$$\omega'_0 = \omega_0(1-0.01P) + 0.01P\omega_\alpha$$

式中：ω'_0 ——校正后的最佳含水率（%）；
   ω_0 ——试验所得的最佳含水率（%）；
   P ——试样中超尺寸颗粒的百分率（%）；
   ω_α ——超尺寸颗粒的吸水量（%）。

六、试验结果整理

1. 应做两次平行试验，取两次试验的平均值作为最大干密度和最佳含水率。两次重复性试验最大干密度的差不应超过 0.05 g/cm³（稳定细粒土）和 0.08 g/cm³（稳定中粒土和粗粒土），最佳含水率的差不应超过 0.5%（最佳含水率小于 10%）和 1.0%（最佳含水率大于 10%）。超过上述规定值，应重做试验，直到满足精度要求。

2. 混合料密度计算应保留小数点后 3 位有效数字，含水率应保留小数点后 1 位有效数字。

七、试验报告

报告应包括以下内容：

1. 试样的最大粒径、超尺寸颗粒的百分率；
2. 无机结合料类型及剂量；
3. 所用试验方法类别；
4. 最大干密度（g/cm³）；
5. 最佳含水率（%），并附击实曲线。

八、试验记录

稳定材料击实试验记录表

	工程名称			结合料含水率（%）		
	试样编号			试验方法		
	混合料名称			试验者		
	结合料剂量（%）			校核者		
	集料含水率（%）			试验日期		
	试验序号	1	2	3	4	5	6
干密度	加水量（g）						
	筒+湿试样的质量（g）						
	筒的质量（g）						
	湿试样质量（g）						
	湿密度（g/cm³）						
	干密度（g/cm³）						
含水率	盒号						
	盒+湿试样的质量（g）						
	盒+干试样的质量（g）						
	盒的质量（g）						
	水的质量（g）						
	含水率（%）						
	平均含水率（%）						

课外作业

学习领域	道路工程试验与检测
学习情境	学习情境 3.1　路面材料检测
任　务	任务 3.1.3　无机结合料稳定类材料的含水率和击实试验

课外作业

一、选择题

1. 确定水泥稳定粒料的最佳含水率和最大干密度，至少应做 3 个不同水泥剂量的混合料击实试验，分别是（　　）。
   A. 最佳剂量　　　B. 最小剂量　　　C. 最大剂量　　　D. 中间剂量

2. 基层材料最大干密度确定的方法有（　　）。
   A. 击实法　　　　　　　　　　　　B. 振动台法
   C. 理论计算法　　　　　　　　　　D. 表面振动压实仪法

3. 重型击实试验与轻型击实试验的本质区别是（　　）。
   A. 击实次数　　B. 击实锤重量　　C. 击实筒大小　　D. 击实功能

4. 测定土的含水率的标准方法是（　　）。
   A. 酒精燃烧法　　B. 烘箱烘干法　　C. 标准击实法

5. 土的含水率是指在（　　）下烘至恒量所失去水分质量与达恒量后干土质量的比值。
   A. 105～110℃　　B. 100～105℃　　C. 100～110℃　　D. 100℃以上

6. 酒精燃烧法的述说，错误的是（　　）。
   A. 本试验法适用于快速简易测定细粒土（含有机质除外）的含水率
   B. 所用酒精纯度为 90%
   C. 实验时用滴管将酒精注入放有试样的称量盒中，直至盒中酒精出现自由面为止
   D. 点燃盒中酒精，燃至火焰熄灭，将试样冷却数分钟后，再次加入酒精，重新燃烧，共燃烧 3 次

7. 测定水泥稳定土的含水率要在（　　）条件下烘干。
   A. 先放入烘箱同时升温到 105～110℃　　B. 提前升温到 105～110℃
   C. 先放入烘箱同时升温到 65～70℃　　　D. 提前升温到 65～70℃

8. 酒精燃烧法测定含水率需燃烧试样的次数为（　　）。
   A. 3 次　　　　B. 5 次　　　　C. 2 次　　　　D. 4 次

9. 击实试验结果整理时，若有超粒径的土颗粒，则（　　）。
   A. 均可按照规范的公式修正
   B. 超粒径百分含量小于 30% 可以按规范公式修正
   C. 不需进行修正
   D. 修正不修正都可以

10. 击实试验试样制备分干法和湿法两种，两种制样所得击实结果应该（　　）。
    A. 相同　　　　　　　　　　　B. 干法最大干密度大于湿法最大干密度

C. 干法最大干密度小于湿法最大干密度　　D. 不一定

11. 重型击实试验与轻型击实试验比较，试验结果（　　）。（注：ρ_0 为最大干密度，ω_0 为最佳含水率）。

A. ρ_0 大，ω_0 大　　B. ρ_0 小，ω_0 小　　C. ρ_0 大，ω_0 小　　D. ρ_0 小，ω_0 大

12. 含水率的定义是（　　）。

A. 水重与干土重之比　　　　　　　　B. 水重与湿土重之比
C. 干土重与湿土重之比　　　　　　　D. 水重与水所占体积之比

13. 重型击实试验与轻型击实试验的本质区别是（　　）。

A. 击实次数　　B. 击实锤重量　　C. 击实筒大小　　D. 击实功能

二、判断题

1. 半刚性基层材料配合比设计中，应根据轻型击实或重型击实标准制作试件。（　　）
2. 击实试验时中，为了保证试样的完整性，最后一层试样击实后，试样高度应超出试筒 10 mm，取下套环后刮除多余部分，并刮平表面。（　　）
3. 确定粒料类基层材料最大干密度的试验方法有重型击实法和振动法两种。（　　）
4. 土的含水率是指土中水与干土质量之比。（　　）
5. 轻型击实试验，仅适用于粒径不大于 25 mm 的土，重型击实试验适用于粒径大于 25 mm 的土。（　　）
6. 测定土的含水率就是测土中自由水的百分含量。（　　）
7. 测试含水率时，酒精燃烧法在任何情况下都是适用的。（　　）
8. 环刀法适用于测定粗粒土的密度。（　　）
9. 影响击实效果的主要因素只有含水率。（　　）
10. 做击实试验，击实筒可以放在任何地基上。（　　）
11. 路基土最佳含水率是指击实曲线上最大干密度所对应的含水率。（　　）
12. 高等级公路土方路基压实质量控制，应采用重型击实试验。（　　）
13. 半刚性基层配合比设计时，无侧限抗压强度试验用的试件的密实度应与工地预定达到的密实度相同。（　　）
14. 重型击实试验和轻型击实试验的区别在于击实锤的重量不同。（　　）

三、填空题

1. （　　）是测定土的含水率的标准方法，对于细粒土时间不得少于（　　），对于砂类土时间不得少于（　　），对含有机质超过 5% 的土，应将温度控制在（　　）的恒温下烘干。
2. 测定土密度的常用方法有（　　）、（　　）、（　　）等。
3. 土的击实试验目的在于求得（　　）和（　　），小试筒适用于粒径不大于（　　）mm 的土；大试筒适用于粒径不大于（　　）mm 的土。
4. 土的击实试验中，试筒加湿土质量 3 426.7 g，试筒质量 1 214 g，试筒容积 997 cm³，土样含水率 16.7%，则土样干密度是（　　）（取小数 2 位）。
5. 击实试验结果处理时采用的含水率是试验所得的最佳含水率，若在黏性土里掺加砂土，则其最大干密度（　　），最佳含水率（　　）。
6. 在击实功一定的条件下，随着土中粗粒料含量的增多，土的最佳含水率和最大干密度的变化是（　　）。

7. 击实试验中，至少制备不同含水率的试样为（　　）。
8. 标准击实试验由于击实功的不同分为（　　）和（　　）两种。

四、问答题
1. 公路上常用的测试含水率的方法有哪些？说明这些方法各自的适用范围。
2. 影响压实的因素有哪些？
3. 最佳含水率与最大干密度的关系是什么？
4. 击实试验中，应制备不同含水率试件的数量为多少？
5. 确定路基土最大干密度的方法有哪几种？各方法的特点是什么？

参考答案

一、选择题
1. BCD　2. ABCD　3. D　4. B　5. A　6. B　7. B
8. A　9. B　10. D　11. C　12. A　13. D

二、判断题
1. ×　2. ×　3. ×　4. √　5. ×　6. ×　7. ×
8. ×　9. ×　10. ×　11. √　12. √　13. √　14. ×

三、填空题
1. 烘干法，8 h，6 h，65~70℃
2. 环刀法，电动取土器法，蜡封法，灌水法，灌砂法
3. 最大干密度，最佳含水率，25，38，　4. 1.90
5. 变大，变小
6. 最佳含水率减小，最大干密度增加
7. 5个
8. 轻型，重型

四、问答题
1. 答：测定土含水率的方法有烘干法、酒精燃烧法、比重法、碳化钙气压法。

烘干法：适用于黏质土、粉质土、砂类土和有机质土。

酒精燃烧法：用于现场快速测定。不适用于含有机质土、含盐量较多的土和重黏土。

比重法：适用于砂类土。

2. 答：（1）含水率对整个压实过程的影响；（2）击实功对最佳含水率和最大干密度的影响；（3）不同压实机械对压实的影响；（4）土粒级配的影响。

3. 答：在一定的击实功下，当含水率为最佳含水率时，土才能被击实至最大干密度。若土的含水率大于或小于最佳含水率时，则所得的干密度都小于最大值。

4. 答：大于等于5个。

5. 答：常见的测定土的最大干密度的方法有：击实法、振动台法、表面振动压实仪法。

各方法的特点是：击实法适合于细粒土及粗粒土，试验过程方便；后两种方法适合于测定无黏性自由排水粗粒土及巨粒土，或者适用于通过0.074 mm标准筛的干颗粒质量百分率不大于15%的粗粒土及巨粒土，振动台法与表面振动压实仪法从试验原理上有所差别，前者是整个土样同时受到垂直方向的振动作用，后者是振动作用自土体表面垂直向下传递。

任务 3.1.4　无机结合料稳定类材料无侧限抗压强度测定

学习目标：
能够进行无机结合料稳定类材料无侧限抗压强度测定。

教学设计

	学习情境3：路面检测		总学时	30
	学习子情境3.1：路面材料检测		学时	16
	任务3.1.4 无机结合料稳定类材料无侧限抗压强度测定		学时	4
分组情况	大组：5组		每组（人）	8~9
	小组：10组			4~5
教学目标	知识目标	1．能对无机结合料稳定类材料进行无侧限抗压强度试验，并能用路强仪测定无侧限抗压强度，得出正确的试验结果		
	能力目标	1．具备独立学习、获取新知识的能力，有一定的逻辑思维能力、分析问题和解决问题的能力； 2．具备与人交往、团队协作的能力，养成科学严谨的态度		
学习内容	1．无机结合料稳定类材料的无侧限抗压强度测定			
教学方法	案例教学法、项目教学法、小组讨论法、引导文法、实践操作法			
教学资源	1．刘超群等，《道路工程试验与检测》多媒体课件； 2．李刚、樊兴华、欧阳志等《道路工程试验与检测》工作单； 3．视频：无机结合料稳定类材料无侧限抗压强度； 4．刘超群主编，《道路工程试验与检测》，西南交通大学出版社，2014.8（参考书）； 5．李林军主编，《公路工程试验检测技术实训指导书》，西南交通大学出版社，2008.8			
需导入的技术标准	1．《公路工程无机结合料稳定类材料试验规程》（JTG E51—2009）[S]．北京：中华人民共和国交通运输部发布，2009． 2．《公路工程质量检验评定标准 第一册 土建工程》（JTG F80/1—2004）[S]．北京：中华人民共和国交通运输部发布，2004．			

续表

教学条件	一体化教室、计算器、可以上网查资料的电脑工作台、有关规范和规程	
重点： 无机结合料稳定类材料无侧限抗压强度试验 难点： 无机结合料稳定类材料无侧限抗压强度试验		解决方案： 采用任务驱动的教学方法，为带有关键词的卡片排序。各小组随机抽取卡片，用自己的语言结合检测仪器向同学复述所抽取卡片的内容
	学生应具备的知识能力与素质	学生应具备路基路面施工的相关知识
对教师的能力要求	1．课程相关的专业能力； 2．组织课堂的能力； 3．项目任务设计能力、项目组织经验、生产组织能力、协调与沟通能力等方法能力和社会能力	
教学组织实施	1．下发学习任务工作单：先期给学生下发学习任务工作单，学生利用课余时间，利用教材、网络、参考资料等预习相关内容。 2．讲授新课：无机结合料稳定类材料的无侧限抗压强度测定。 3．项目准备：将全班学生以每组 4~5 人或 8~9 人进行分组，每组选出负责人 1 名。 4．下发任务：通过阅读学习资料，分组讨论，为带有关键词的卡片排序。各小组随机抽取卡片，用自己的语言结合检测仪器向同学复述所抽取卡片的内容，小组其他成员可做补充。 5．制订计划：各小组负责人督促本组成员完成项目计划，并对小组成员进行任务分工。 6．项目实施：各小组长组织本小组同学讨论，确定计算办法；教师进行巡查，了解每小组的进度，督促各小组成员按计划积极参与任务的完成；各小组成员按分工的任务积极完成；教师对学生提出的问题进行指导，激发学生的学习动力；组长负责计算成果的汇总，并形成汇报材料。 7．项目展示：每个小组派一名代表对本组分析处理的过程、方法和结果进行相关说明，并接受其他组同学的提问。 8．项目评价：每个小组发放一份考核评价表，对除本组之外的其他组进行客观的评分。 9．教师点评：教师对每个小组的作品进行点评，充分肯定每个小组的成果，同时指出其存在的不足和需要改进的思路和方法，使学生能够真正有所提高，达到正确处理试验检测数据的能力。 10．项目完善：每组继续修改各自的试验数据，根据需要可重新试验，以进一步提高自身的操作水平	

学生学习任务工作单

学习领域	道路工程试验与检测	
学习情境	学习情境 3.1　路面材料检测	
任　务	任务 3.1.4　无机结合料稳定类材料无侧限抗压强度测定	
班　级		姓　名
学习小组		工作时间

任务描述

通过本学习情境的学习，要求学生能够做到：
1. 掌握无侧限抗压强度试验；
2. 能够进行数据的处理和表达。

引导文

【基础知识的认知】
1. 简述无机结合料稳定类材料无侧限抗压强度试验的意义和步骤。

104

【动手能力的训练】

1. 某二级公路水泥稳定粒料基层某段无侧限抗压强度试验记录如下所示：请计算此路段无侧限抗压强度，并对结果进行评定。（R_d=2.8MPa）

水泥稳定土无侧限抗压强度试验记录

试件破坏的最大压力（kN）	53	57	58	55	54	56
无侧限抗压强度（MPa）	3.0	3.2	3.3	3.1	3.1	3.2

请结合自己的认识，说出对路面材料检测学习情境的其他说明，列写出你们小组提出的其他问题：

任务学习其他说明或建议：

指导教师评语：

任务完成人签字：　　　　　　　　　　　　　　　日期：　　年　　月　　日
指导教师签字：　　　　　　　　　　　　　　　　日期：　　年　　月　　日

考核评价表

学习领域		道路工程试验与检测		学时：64学时	
学习情境 3		路面检测		学时：30学时	
学习子情境 3.1		路面材料检测		学时：16学时	
任务 3.1.4		无机结合料稳定类材料的无侧限抗压强度试验		学时：4学时	
班 级			姓 名		
学习小组			工作时间		
	评价指标		分值	学生自评	组员互评	教师评价

	评价指标	分值	学生自评	组员互评	教师评价
自主学习	1．是否课前预习	5			
	2．主动学习，积极分析	5			
	3．查阅资料、获取信息	10			
职业素养	4．团队意识、协作精神及对小组的贡献	5			
	5．沟通及表达能力	5			
	6．爱护仪器设备、遵守操作规程	10			
知识掌握程度	7．回答问题的准确性	5			
	8．小组讨论发言的积极性	5			
	9．学生提问的深度、积极性	10			
	10．汇报完整、思路清晰	10			
实践能力	11．是否得出无侧限抗压强度	10			
	12．数据资料的完整性	10			
	13．数据资料的改进	10			
	小计	100			

试验指导书及报告(一)

学习领域	道路工程试验与检测
学习情境	学习情境3.1 路面材料检测
任务	任务3.1.4 无机结合料稳定类材料试件制作方法(圆柱形)(T0843—2009)
班级	姓名

一、试验目的和适用范围

本试验方法适用于无机结合料稳定材料的无侧限抗压强度、间接抗拉强度、室内抗压回弹模量、动态模量、劈裂模量等试验的圆柱形试件。

二、仪器设备

1. 方孔筛:孔径53 mm、37.5 mm、31.5 mm、26.5 mm、4.75 mm和2.36 mm的筛各一个。
2. 试模:细粒土,试模的直径×高=ϕ50 mm×50 mm;中粒土,试模的直径×高=ϕ100 mm×100 mm;粗粒土,试模的直径×高=ϕ150 mm×150 mm。
3. 电动脱模器。
4. 反力架:反力为400 kN以上。
5. 液压千斤顶:200~1 000 kN。
6. 钢板尺:量程200 mm或300 mm,最小刻度1 mm。
7. 游标卡尺:量程200 mm或300 mm。
8. 电子天平:量程15 kg,感量0.1 g;量程4 000 g,感量0.01 g。
9. 压力试验机:可替代千斤顶或反力架,量程不小于2 000 kN,行程、速度可调。

三、试验准备

1. 试件的径高比一般为1:1,根据需要也可成型1:1.5或1:2的试件。试件的成型根据需要的压实度水平,按照体积标准,采用静力压实法制备。
2. 将具有代表性的风干试料(必要时,也可以在50℃烘箱内烘干),用木锤和木碾捣碎,但应避免破碎粒料的原粒径。按照公称最大粒径的大一级筛,将土过筛并进行分类。
3. 在预定做试验的前一天,取有代表性的试料测定其风干含水率。对于细粒土,试样应不少于100 g;对于中粒土,试样应不少于1 000 g;对于粗粒土,试样的质量应不少于2 000 g。
4. 按T 0804—1994确定无机结合料稳定材料的最佳含水率和最大干密度。
5. 根据击实结果,称取一定质量的风干土,其质量随试件大小而变。对于ϕ50 mm×50 mm的试件,1个试件需干土180~210 g;对于ϕ100 mm×100 mm的试件,1个试件需干土1 700~1 900 g;对于ϕ150 mm×150 mm的试件,1个试件需干土5 700~6 000 g。

对于细粒土,一次可称取6个试件的土;对于中粒土,一次宜称取一个试件的土;对于粗粒土,一次只称取一个试件的土。

四、试验步骤

1. 调试成型所需要的各种设备,检查是否运行正常;将成型用的模具擦拭干净,并涂抹机油。成型中、粗粒土时，试模筒的数量应与每组试件的个数相配套。上下垫块能够刚好放入试筒内上下自由移动（一般来说，上下垫块直径比试筒内径小约 0.2 mm）且上下垫块完全放入试筒后，试筒内未被垫块占用的空间体积能满足径高比为 1∶1 的设计要求。

2. 对于无机结合料稳定细粒土，至少应该制 6 个试件；对于无机结合料稳定中粒土和粗粒土，至少分别应该制 9 个和 13 个试件。

3. 根据击实结果和无机结合料的下式计算每份料的加水量、无机结合料的质量。

$$Q_w = \left(\frac{Q_n}{1+0.01\omega_n} + \frac{Q_c}{1+0.01\omega_c} \right) \times 0.01\omega - \frac{Q_n}{1+0.01\omega_n} \times 0.01\omega_n - \frac{Q_c}{1+0.01\omega_c} \times 0.01\omega_c$$

式中：Q_w——混合料中应加的水量（g）；
　　　Q_n——混合料中素土（或集料）的质量（g），其原始含水率为 ω_n，即风干含水率（%）；
　　　Q_c——混合料中水泥或石灰的质量（g），其原始含水率为 ω_c（%）；
　　　ω——要求达到的混合料的含水率（%）。

4. 将称好的土放在长方盘（约 400 mm×600 mm×70 mm）内。向土中加水拌料、闷料。石灰稳定材料和水泥石灰综合稳定材料、水泥粉煤灰综合稳定材料，可将石灰或粉煤灰和土一起拌和，将拌和均匀后的试料放在密闭容器或塑料袋（封口）内浸润备用。

浸润时间为：黏质土 12～24 h；粉性土 6～8 h；砂性土、砂砾土、红土砂砾、级配砂砾等可以缩短到 4 h 左右，含土很少的未筛分碎石、砂砾及砂可以缩短到 2 h。浸润时间一般不超过 24 h。

5. 在试件成型前 1 h 内，加入预定数量的水泥并拌和均匀。在拌和过程中，应将预留的水（对于细粒土 3%，对于水泥稳定类为 1%～2%）加入土中，使混合料达到最佳含水率。拌和均匀的加有水泥的混合料应在 1 h 内按下述方法制成试件，超过 1 h 的混合料应该报废。其他结合料稳定材料、混合料虽不受此限，但也应尽快制成试件。

6. 用反力架和液压千斤顶，或采用压力试验机制件。

将试模配套的下垫块放入试模的下部，但外露 2 cm 左右，将称量的规定数量 m_2 的稳定材料混合料分 2～3 次灌入试模中，每次灌入后用夯棒轻轻均匀插实。如制取 $\phi 50$ mm×50 mm 的小试件，则可以将混合料一次倒入试模中，然后将与试模配套的上垫块放入试模内，也使其外露 2 cm 左右（即上下垫块露出试模外的部分应该相等）。

7. 将整个试模（连同上、下垫块）放到反力框架内的千斤顶上（千斤顶下应放一扁球座）或压力机上，以 1 mm/min 的加载速率加压，直到上下压柱都压入试模为止。维持压力 2 min。

8. 解除压力后，取下试模，拿去上压柱，并放到脱模器上将试件顶出。用水泥稳定有黏结性的材料（如黏质土）时，制件后可以立即脱模；用水泥稳定无黏结性细粒土时，最好过 2～4 h 再脱模；对于中、粗粒土的无机结合料稳定材料，也最好过 2～6 h 脱模。

9. 在脱模上取试件时，应用双手抱住试件侧面的中下部，然后沿水平方向轻轻旋转，待感觉到试件移动后，再将试件轻轻捧起，放置到试验台上。切勿直接将试件向上捧起。

10. 称试件的质量 m_2，小试件准确至 0.01 g；中试件准确至 0.01 g；大试件准确至 0.1 g。然后用游标卡尺量试件的高度 h，准确到 0.1 mm。检查试件的高度和质量，不满足成型标准的试件作为废件。

11. 试件称量后应立即放在塑料袋中封闭，并用潮湿的毛巾覆盖，移至养生室。

五、计算

单个试件的标准质量：

$$m_0 = V \times \rho \times (1+\omega_{opt}) \times \gamma$$

考虑到试件成型过程中的质量损耗，实际操作过程中每个试件的质量可增加 0~2%，即：

$$m_0' = M_0 \times (1+\delta)$$

每个试件的干料（包括干土和无机结合料）总质量：

$$m_1 = \frac{m_0}{1+\omega_{opt}}$$

每个试件中的无机结合料质量：

$$外掺法\ m_2 = m_1 \times \frac{\alpha}{1+\alpha}$$

$$内掺法\ m_2 = m_1 \times \alpha$$

每个试件中的干土质量：

$$m_3 = m_2 - m_1$$

每个试件中的加水量：

$$m_w = (m_2 + m_3) \times \omega_{opt}$$

验算：

$$m_0' = m_2 + m_3 + m_w$$

式中：V——试件体积（cm³）；

ω_{opt}——混合料最佳含水率（%）；

ρ_{max}——混合料最大干密度（g/cm³）；

γ——混合料压实度标准（%）；

m_0，m_0'——混合料质量（g）；

m_1——干混合料质量（g）；

m_2——无机结合料质量（g）；

m_3——干土质量（g）；

δ——计算混合料质量的冗余量（%）；

α——无机结合料的掺量（%）；

m_w——加水质量（g）。

六、结果整理及记录

1. 小试件的高度误差范围应为-0.1~0.1 cm，中试件的高度误差范围应为-0.1~0.15 cm，大试件的高度误差范围应为-0.1~0.2 cm。
2. 质量损失：小试件应不超过标准质量5 g，中试件应不超过25 g。大试件应不超过50 g。

稳定材料圆柱形试件成型记录表

工程名称				混合料名称					
土质类型				混合料类型及剂量（%）					
最佳含水率（%）				最大干密度（g/cm³）					
试件压实度（%）				试件标准质量（g）					
试验人员				试验日期					

编号	直径（mm）				高度（mm）				质量（g）	误差（g）
1	1	2	3	平均	1	2	3	平均		
2										
3										
4										
5										
6										

试验指导书及报告（二）

学习领域	道路工程试验与检测
学习情境	学习情境3.1　路面材料检测
任　务	任务3.1.4　无机结合料稳定类材料养生试验方法（T0845—2009）
班　级	姓　名

一、适用范围

1. 本方法适用于水泥稳定材料类和石灰、二灰稳定材料类的养生。
2. 标准养生办法是指无机结合料稳定类材料在规定的标准温度和湿度环境下强度增长的过程。快速养生是为了提高试验效率，采用提高养生温度缩短养生时间的养生办法。
3. 本方法规定了无机结合料稳定材料的标准养生和快速养生的试验方法和步骤。在采用快速养生时，应建立快速养生条件下与标准养生条件下，混合料的强度发展的关系曲线，并确定标准养生的长龄期强度对应的快速养生短龄期。

二、仪器设备

1. 标准养护室：标准养护室温度（20±2）℃，相对湿度在95%以上。
2. 高温养护室：能保持试件养生温度（60±1）℃，相对湿度95%以上。容积能满足试验要求。

三、试验步骤

1. **标准养生办法**

（1）试件从试模内脱出并量高称质量后，中试件和大试件应装入塑料袋内。试件装入塑料袋后，将袋内的空气排除干净，抓紧袋口，将包装好的试件放入养护室。

（2）标准养生的温度为（20±2）℃，标准养生的湿度为≥95%。试件宜放在铁架或木架上，间距至少10~20 mm。试件表面应保持一层水膜，并避免用水直接冲淋。

（3）对无侧限抗压强度试验，标准养生龄期是7 d，最后一天浸水。对弯拉强度、间接抗拉强度，水泥稳定材料类的标准养生龄期是90 d，石灰稳定材料类的标准养生龄期是180 d。

（4）在养生期的最后一天，将试件取出，观察试件的边角有无磨损和缺块，并量高称质量，然后将试件浸泡于（20±2）℃水中，应使水面在试件顶上约2.5 cm。

2. **快速养生办法**

（1）快速养生龄期确定

① 将一组无机结合料稳定材料，在标准养生条件下[（20±2）℃，湿度≥95%]养生180d（石灰稳定类材料养生180 d，水泥稳定类材料养生90 d）测试抗压强度值。

② 将同样的一组无机结合料稳定材料，在高温养生条件下[（60±1）℃，湿度≥95%]下

养生 7 d、14 d、21 d、28 d 等，进行不同龄期的抗压强度试验，建立高温养生条件下强度-龄期的关系曲线。

③在强度-龄期关系曲线上，找出标准养生长龄期强度对应的高温养生的短龄期。并以此作为快速养生的龄期。

（2）快速养生试验步骤。

①将高温养护室的温度调至规定的温度（60±1）℃，湿度也保持在 95%以上，并能自动控温控湿。

②将制备的试件量高称质量后，小心装入塑料袋内。试件装入塑料袋后，将袋内的空气排除干净，并将袋口扎紧，将包好的试件放入养护箱中。

③养生期的最后一天，将试件从高温养护室内取出，晾至室温（24 h），再打开塑料袋取出，观察试件有无缺损，量高称质量后，浸入（20±2）℃恒温水槽中，水面高出试件顶 2.5 cm。浸水 24 h 后，取出试件，用软布擦去可见自由水，称质量、量高后，立即进行相关的试验。

四、结果整理

1. 如养生期间有明显的边角缺损，试件应该报废。
2. 对养生 7 d 的试件，在养生期间，试件质量损失应符合下列规定：小试件不超过 1 g；中试件不超过 4 g；大试件不超过 10 g。质量损失超过此规定的试件，应予作废。
3. 对养生 90 d 和 180 d 的试件，在养生期间，试件质量的损失应符合超过下列规定：小试件不超过 1 g；中试件不超过 10 g；大试件不超过 20 g。质量损失超过此规定的试件，应予报废。

五、试验报告及记录

试验报告应包括以下内容：

（1）材料的颗粒组成；

（2）水泥的种类和强度等级，或石灰的等级；

（3）重型击实最佳含水率（%）和最大干密度（g/cm³）；

（4）无机结合料类型和剂量；

（5）试件干密度（保留 3 位小数，g/cm³）或压实度；

（6）该材料在高温下龄期与强度的对应关系；

（7）与标准长龄期强度所对应的快速养生的龄期。

稳定材料圆柱形试件养生记录表

工程名称					混合料名称					
土质类型					混合料类型及剂量（%）					
最佳含水率（%）					最大干密度（g/cm³）					
试件压实度（%）					试件标准质量（g）					
养生开始日期					饱水日期					
养生温度					养生湿度					
试验人员					试验目的					

编号	直径（mm）				高度（mm）				质量（g）	误差（g）
	1	2	3	平均	1	2	3	平均		
1										
2										
3										
4										

饱水前质量和尺寸										
1										
2										
3										
4										

饱水后质量和尺寸										
1										
2										
3										
4										

试验指导书及报告（三）

学习领域	道路工程试验与检测
学习情境	学习情境 3.1　路面材料检测
任　务	任务 3.1.4　无机结合料稳定类材料无侧限抗压强度测定（T0805—1994）
班　级	姓　名

一、试验目的和适用范围

本试验方法适用于测定无机结合料稳定材料（包括稳定细粒土、中粒土和粗粒土）试件的无侧限抗压强度。

二、仪器设备

1. 标准养护室。
2. 水槽：深度应大于试件高度 50 mm。
3. 压力机或万能试验机（也可用路面强度试验仪和测力计）：压力机应符合现行《液压式压力试验机》（GB/T 3722）及《试验机通用技术要求》（GB/T 2611）中的要求，其测量精度为±1%，同时应具有加载速率指示装置或加载速率控制装置。上下压板平整并有足够刚度，可以均匀地连续加载卸载，可以保持固定荷载。开机停机均灵活自如，能够满足试件吨位要求，且压力机加载速率可以有效控制在 1 mm/min。
4. 电子天平：量程 15 kg，感量 0.1 g；量程 4 000 g，感量 0.01 g。
5. 量筒、拌和工具、大小铝盒、烘箱等。
6. 球形支座。
7. 机油：若干。

三、试件制备和养护

1. 细粒土，试模的直径×高=ϕ 50 mm×50 mm；中粒土，试模的直径×高=ϕ 100 mm×100 mm；粗粒土，试模的直径×高=ϕ 150 mm×150 mm。
2. 按照 T0843—2009 方法成型径高比为 1∶1 的圆柱形试件。
3. 按照 T0843—2009 的标准养生方法进行 7 d 的标准养生。
4. 将试件两顶面用刮刀刮平，必要时可用快凝水泥砂浆抹平试件顶面。
5. 为保证试验结果的可靠性和准确性，每组试件的数目要求为：小试件不少于 6 个；中试件不少于 9 个；大试件不少于 13 个。

四、试验步骤

1. 根据试验材料的类型和一般的工程经验，选择合适量程的测力计和压力板，试件破坏荷载应大于测力量程的 20%且小于测力量程的 80%。球形支座和上下顶板涂上机油，使球形支座能够灵活转动。

2. 将已浸水一昼夜的试件从水中取出，用软布吸试件表面的水分，并称试件的质量 m_4。

3. 用游标卡尺量试件的高度 h_1，准确到 0.1 mm。

4. 将试件放到路面材料强度试验仪或压力板上，并在升降台上先放一扁球座，进行抗压试验。试验过程中，应保持速率约为 1 mm/min。记录试件破坏时的最大压力 P（N）。

5. 从试件内部取有代表性的样品（经过打破），测定其含水率 ω_1。

五、计算

1. 试件的无侧限抗压强度计算。

$$R_c = \frac{P}{A}$$

式中：R_c——试件的无侧限抗压强度；

P——试件破坏时的最大压力（N）；

A——试件的截面面积，$A = \frac{\pi}{4}D^2$；

D——试件的直径（mm）。

2. 抗压强度保留 1 位小数。

3. 同一组实验中，采用 3 倍均方差剔除异常值，小试件可以允许有 1 个异常值，中试件 1~2 个异常值，大试件 2~3 个异常值。异常值数量超过上述规定的试验重做。

4. 同一组试验的变异系数 C_v（%）符合下列规定，方为有效试验：小试件 $C_v \leq 6\%$；中试件 $C_v \leq 10\%$；大试件 $C_v \leq 15\%$。如不能保证试验结果的变异系数小于规定的值，则应按允许误差 10% 和 90% 概率重新计算所需的试件数量，增加试件数量并另做新试验。新试验结果与老试验结果一并重新进行统计评定，直到变异系数满足上述规定。

六、试验报告及记录

试验报告应包括以下内容：

1. 材料的颗粒组成；
2. 水泥的种类和强度等级，或石灰的等级；
3. 重型击实最佳含水率（%）和最大干密度（g/cm³）；
4. 无机结合料类型和剂量；
5. 试件干密度（保留 3 位小数，g/cm³）或压实度；
6. 吸水量以及测抗压强度时的含水率（%）；
7. 对抗压强度，保留 1 位小数；
8. 若干个试验结果的最小值和最大值、平均值 $\bar{R}_c$、标准差 S、偏差系数 C_v 和 95% 保证率的值 $R_{c0.95}$（$R_{c0.95} = \bar{R}_c - 1.645S$）。

无侧限抗压强度记录表

工程名称		试件尺寸（cm）	
路段范围		养生龄期（d）	
混合料名称		加载速率（mm/min）	
结合料剂量（%）		试验者	
最大干密度（g/cm³）		校核者	
试件压实度（%）		试验日期	
试件号			
试件制备方法			
试件日期			
养生前试件质量 m_2（g）			
浸水前试件质量 m_3（g）			
进水后试件质量 m_4（g）			
养生期间的质量损失 m_2-m_3（g）			
吸水量 m_4-m_3			
养生前试件的高度 h（cm）			
浸水后试件的高度 h（cm）			
试验的最大压力 P（N）			
无侧限抗压强度 R_c（MPa）			
平均值（MPa）		变异系数（%）		代表值（MPa）	

课外作业

学习领域	道路工程试验与检测
学习情境	学习情境 3.1　路面材料检测
任　务	任务 3.1.4　无机结合料稳定类材料无侧限抗压强度测定

课外作业

一、选择题

1. 关于水泥稳定碎石回弹模量试件养生的规定：① 养生温度为南方（25±2）℃，北方（20±2）℃；② 养生龄期 6 个月；③ 养生期间试件的质量损失不超过 10 g；④ 养生期的最后一天，应将试件浸泡在水中。其中正确的是（　　）。
   A. ①②③　　　　B. ①②④　　　　C. ①③④　　　　D. ①②③④

2. 无侧限抗压强度不是（　　）的检评实测项目。
   A. 水泥稳定砂砾底基层　　　　　　　B. 级配碎石基层
   C. 石灰土底基层　　　　　　　　　　D. 二灰土基层

3. 水泥石灰稳定砂砾混合料无侧限抗压强度试验，试件正确的养生方法应是（　　）。
   A. 先浸水 1 d，再标准养生 27 d　　　B. 先标准养生 27 d，再浸水 1 d
   C. 先浸水 1 d，再标准养生 6 d　　　　D. 先标准养生 6 d，再浸水 1 d

4. 无机结合料稳定材料无侧限抗压强度试验中，对试件施压速度是（　　）。
   A. 50 mm/min　　B. 10 mm/min　　C. 1 mm/min　　D. 0.5 mm/min

5. 无机结合料稳定材料无侧限抗压试件在养护期间，中试件水分损失不应超过（　　）。
   A. 4 g　　　　　B. 3 g　　　　　C. 2 g　　　　　D. 1 g

6. 二灰碎石无侧限抗压试件高与直径相同，尺寸为（　　）。
   A. 175 mm　　　B. 150 mm　　　C. 100 mm　　　D. 125 mm

7. 在无机结合料稳定土无侧限抗压强度试验中，当偏差系数 $C_v=(10\%\sim15\%)$ 时，要做至少（　　）试件。
   A. 6 个　　　　　B. 9 个　　　　　C. 10 个　　　　D. 13 个

8. 无侧限抗压强度试验是按干密度用（　　）或（　　）。
   A. 静压法　　　　B. 自然沉降　　　C. 锤击法　　　　D. 三种都不是

9. 无机结合料稳定类基层质量检验时，需检测（　　）。
   A. 立方体抗压强度　　　　　　　　　B. 无侧限抗压强度
   C. 抗折强度　　　　　　　　　　　　D. 劈裂强度

10. 半刚性基层材料无侧限抗压强度应以（　　）龄期的强度为评定依据。
    A. 7 d　　　　　B. 14 d　　　　 C. 28 d　　　　 D. 90 d

11. 测定半刚性材料 7d 无侧限抗压强度时，试件应饱水（　　）。
    A. 1 d　　　　　B. 2 d　　　　　C. 3 d　　　　　D. 7 d

二、判断题

1. 半刚性基层材料在非冻区 25℃条件湿养 6 d，浸水 1 d 后进行无侧限抗压强度试验。

(　　)

2. 半刚性材料劈裂试验作为应力检验用时，水泥稳定土试件养生时间为 6 个月。(　　)

3. 无机结合料稳定土无侧限抗压强度试验，试件养生时间应为 28 d。(　　)

4. 无机结合料稳定土的无侧限抗压强度试验，制件所用的试模内径两端尺寸有所不同。(　　)

5. 半刚性基层材料强度是指无侧限抗压强度。(　　)

三、填空题

1. 无机结合料稳定土的无侧限抗压强度试件，在整个养生期间试验规定温度为，在北方地区应保持（　　），在南方地区应保持（　　）；水分变化小试件不超过 1 g；中试件不超过 4 g；大试件不超过 10 g。

2. 二灰碎石无侧限抗压试件制备时，试件直径和高均为 15 cm，二灰碎石最大干密度 1.97 g/cm³，最佳含水率 8.3%，压实度标准 95%，则制备 1 个二灰碎石试件需称湿混合料（　　）（取 1 位小数）。

3. 半刚性基层设计，以（　　）作为设计指标。（95%保证率的下置信界限）

4. 石灰稳定土砂砾强度试验，南方地区养护温度（　　）。

四、问答题

1. 一组二灰土试件无侧限抗压强度试验结果如下：0.77、0.78、0.67、0.64、0.73、0.81（MPa），设计强度 R_d=0.60 MPa，取保证率系数 Z_a=1.645，计算并判断该组二灰强度是否合格。

2. 简述水泥稳定类材料的无侧限抗压强度试验过程。

3. 某高速公路水泥稳定碎石基层，已知设计抗压强度 R_d=3.1 MPa，现测得某段的无侧限抗压强度数值如下，对该段强度结果进行评定并计算其得分值。（规定分为 20 分，保证率为 95%，Z_a=1.645）

3.85　4.01　3.53　3.96　4.00　3.73　3.86　3.97　3.93　4.05　3.52　3.83

4. 一组二灰土试件无侧限抗压强度试验结果如下：0.77、0.78、0.67、0.64、0.73、0.81 MPa，设计强度 R_d=0.60 MPa，取保证率系数 Z_a=1.645，判断该组二灰土强度是否合格（取小数 2 位）。

参考答案

一、选择题
1. C　　　2. B　　　3. D　　　4. C　　　5. A　　　6. B
7. B　　　8. AC　　9. B　　　10. A　　11. A

二、判断题
1. √　　　2. ×　　　3. ×　　　4. ×　　　5. √

三、填空题
1. $20±2℃$　　　$25±2℃$　　　2.5372.6 g
3. 无侧限抗压强度代表值　　4.$25±2℃$

四、问答题

1. 解：(1) 计算平均值 $\bar{R}$、标准偏差 S、变异系数 C_v

$$\bar{R}=0.733\ \text{MPa}\quad S=0.067\ \text{MPa}\quad C_v=9.1\%$$

(2) 试件的平均强度 $\bar{R}$ 应满足下式要求：

保证率为95%的保证率系数 $Z_a=1.645$

$$\bar{R}\geq R_d/(1-Z_aC_v)=0.60/(1-1.645\times0.091)=0.706\ \text{MPa}$$

(3) 评定

$$\bar{R}>R_d=0.706\ \text{MPa}$$

该路段二灰土试件无侧限抗压强度合格。

2. 答：第一种方法：① 将已浸水一昼夜的试件从水中取出，用软的旧布吸试件表面的可见自由水，并称试件的质量 m_4。② 用游标卡尺量试件的高度 h_1，准确到 0.1 mm。③ 将试件放到路面材料强度试验仪的升降台上（台上先放一扁球座），进行抗压试验。试验过程中，应使试件的形变等速增加，并保持速率约为 1 mm/min 记录试件破坏时的最大压力 $P(\text{N})$。④ 从试件内部取有代表性的样品（经过打破）测定其含水率 ω_1。⑤ 计算试件的无侧限抗压强度 R_c, $R_{c0.95}$ ($=R_c-1.645S$)。允许误差：若干次平行试验的偏差系数 C_v(%)应符合下列规定：小试件不大于 10%，中试件不大于 15%，大试件不大于 20%。

第二种方法：① 将具有代表性的风干试料捣碎过筛；② 取有代表性的试料测定其风干含水率；③ 按要求确定无机结合料混合料的最佳含水率和最大干密度；④ 称取材料，加水拌和浸润；⑤ 按干密度制件；⑥ 养生；⑦ 用软布吸去试件表面自由水；⑧ 用游标卡尺量试件的高度；⑨ 抗压试验；⑩ 从试件内部取有代表性的样品测定其含水率；⑪ 计算。

3. 答：$R=3.85$，$C_v=0.046$

$$R_d/(1-Z_aC_v)=3.1/(1-1.645\times0.046)=3.35，R>R_d/(1-Z_aC_v)$$

故：合格，得满分 20 分。

4. 答：强度平均值 $R_c=0.74\ \text{MPa}$，标准差 $S=0.067$

$$R_{c0.95}=0.74-1.645\times0.067=0.62(\text{MPa})>R_d=0.60\ \text{MPa}$$

偏差系数 $C_v=0.067/0.74=9.05\%<10\%$，故该组二灰土强度合格。

学习情境 3.2 路面现场检测

任务 3.2.1 路面平整度检测

学习目标：
1. 会用 3 m 直尺测定路面平整度；
2. 了解连续式平整度仪等其他仪器测定路面平整度的方法。

教学设计

学习情境 3.2	路面现场检测		总学时	30
任务 3.2.1	路面平整度检测		学时	4
分组情况	大组：5 组		每组（人）	8~9
	小组：10 组			4~5
教学目标	知识目标	1. 会用 3 m 直尺测定路面平整度； 2. 了解连续式平整度仪等其他仪器测定路面平整度的方法		
	能力目标	1. 具备独立学习、获取新知识的能力，有一定的逻辑思维能力、分析问题和解决问题的能力； 2. 具备与人交往、团队协作的能力，养成科学严谨的态度		
学习内容	1. 掌握 3 m 直尺测定路面平整度的方法； 2. 了解连续式平整度仪等其他仪器测定路面平整度的方法； 3. 会进行试验检测数据的统计分析			
教学方法	案例教学法、项目教学法、小组讨论法、引导文法、实践操作法			
教学资源	1. 李刚，《道路工程试验与检测》多媒体课件； 2. 李刚，《道路工程试验与检测》任务工作单； 3. 案例：一组试验检测数据的统计分析、处理和表达； 4. 刘超群主编，《道路工程试验与检测》，西南交通大学出版社，2014.8（参考书）			
需导入的技术标准	《公路路基路面现场测试规程》（JTG E60—2008）[S]. 北京：中华人民共和国交通运输部发布，2008.			

续表

教学条件	相关仪器设备、一体化教室、计算器、可以上网查资料的电脑工作台、有关规范和规程
重点： 1．3 m 直尺测定路面平整度的方法； 2．试验检测数据的统计分析 难点： 试验检测数据的统计分析	解决方案： 采用任务驱动的教学方法，给学生提供一段试验检测路段，要求对此路段进行检测并对测得数据进行取舍判断后，进行试验检测数据统计分析
学生应具备的知识能力与素质	学生应具备概率与数理统计的相关知识
对教师的能力要求	1．课程相关的专业能力； 2．组织课堂的能力； 3．项目任务设计能力、项目组织经验、生产组织能力、协调与沟通能力等方法能力和社会能力
教学组织实施	1．下发学习任务工作单：先期给学生下发学习任务工作单，学生利用课余时间，利用教材、网络、参考资料等预习相关内容。 2．讲授新课：3 m 直尺测定路面平整度的方法；试验检测数据的统计分析方法；连续式平整度仪等其他仪器测定路面平整度的方法。 3．项目准备：将全班学生以每组 4~5 人或 8~9 人进行分组，每组选出负责人 1 名。 4．下发任务：给学生提供一段校园道路，要求对其进行 3 m 直尺测定路面平整度，按要求对测得数据进行处理并评价其路面平整度。 5．制订计划：各小组负责人督促本组成员完成项目计划，并对小组成员进行任务分工。 6．项目实施：各小组长组织本小组同学讨论，确定检测位置和方法；教师进行巡查，了解每小组的进度，督促各小组成员按计划积极参与任务的完成；各小组成员按分工的任务积极完成；教师对学生提出的问题进行指导，激发学生的学习动力；组长负责检测成果的汇总，并形成汇报材料。 7．项目展示：每个小组派一名代表对本组检测和分析处理的过程、方法和结果进行相关说明，并接受其他组同学的提问。 8．项目评价：每个小组发放一份考核评价表，对除本组之外的其他组进行客观的评分。 9．教师点评：教师对每个小组的检测过程和成果进行点评，充分肯定每个小组的成果，同时指出其存在的不足和需要改进的思路和方法，使学生能够真正有所提高，达到正确处理试验检测数据的能力。 10．项目完善：每组继续修改各自的试验数据，以进一步提高自身的操作水平

学生学习任务工作单

学习领域	道路工程试验与检测
学习情境	学习情境 3.2　路面现场检测
任　务	任务 3.2.1　路面平整度检测
班　级	姓　名
学习小组	工作时间

任务描述

通过本学习情境的学习，要求学生能够做到：
1. 掌握 3 m 直尺测定路面平整度的方法；
2. 了解连续式平整度仪等其他仪器测定路面平整度的方法；
3. 会进行试验检测数据的统计分析。

引导文

【基础知识的认知】

1. 道路使用功能指标有哪些？

2. 用以测试路面平整度的方法有哪些？

3. 什么是 3 m 直尺？

4. 3 m 直尺如何使用?

5. 如何在被测道路上选取合适的测试位置?

6. 连续式平整度仪的基本原理是什么?

7. 反应类平整度测试设备有哪些？它们的作用是什么？

【动手能力的训练】
请使用 3 m 直尺法对陕铁院天佑路、以升路、陇海路等校园道路沥青路面平整度进行测试评价。（采用二级公路的评价指标，不同小组的具体测试道路由指导老师现场指定）

请结合自己的认识，说出对本学习任务的其他说明，列写出你们小组提出的其他问题：

任务学习其他说明或建议：

指导教师评语：

任务完成人签字： 　　　　　　　　　　　　日期： 　年　　月　　日
指导教师签字： 　　　　　　　　　　　　　日期： 　年　　月　　日

考核评价表

学习领域	道路工程试验与检测		学时：64学时		
学习情境3.2	路面现场检测		学时：30学时		
任务3.2.1	路面平整度检测		学时：4学时		
班级		姓名			
学习小组		工作时间			
	评价指标	分值	学生自评	组员互评	教师评价
自主学习	1．是否课前预习	5			
	2．主动学习，积极分析	5			
	3．查阅资料、获取信息	10			
职业素养	4．团队意识、协作精神及对小组的贡献	5			
	5．沟通及表达能力	5			
	6．爱护仪器设备、遵守操作规程	10			
知识掌握程度	7．回答问题的准确性	5			
	8．小组讨论发言的积极性	5			
	9．学生提问的深度、积极性	5			
	10．汇报完整、思路清晰	10			
实践能力	11．仪器操作的正确规范	10			
	12．测试位置的选取规范	5			
	11．得出数据资料的完整性	5			
	12．数据分析的正确性	10			
	13．得出评价结论的正确性	5			
	小计	100			

试验指导书及报告

学习领域	道路工程试验与检测
学习情境	学习情境 3.2　路面现场检测
任　务	任务 3.2.1　路面平整度检测 3 m 直尺法（E60—2008）
班　级	姓　名

一、试验目的和适用范围

1. 该方法是用 3 m 直尺测定基准面距离路表面的最大间隙 h（mm），从而反映路基路面的凹凸情况。适用于测定压实成型的路面各层表面的平整度，以评定路面的施工质量，也可用于路基表面成型后的施工平整度检测。

2. 3 m 直尺有两种形式：一种两端带有高 1 cm 的垫脚，一种无垫脚。有垫脚的 3 m 直尺，在两端 0.75 m 处有一刻线，用于等距离（1.5 m）连续测定，计算标准差。这种 3 m 直尺不适用于单尺测定最大间隙。本方法仅介绍单尺测定最大间隙的测试方法。

二、仪具与材料技术要求

1. 3 m 直尺：测定基准面长度为 3 m 长，基准面应平直，用硬木或铝合金钢等材料制成。

2. 最大间隙测量器具：

测量间隙的尺子有两种，楔形塞尺和深度尺。楔形塞尺比较常见，深度尺使用起来较为方便。

（1）楔形塞尺：硬木或金属制的三角形塞尺，有手柄。塞尺的长度与高度之比不小于 10，宽度不大于 15 mm，边部有高度标记，刻度读数分辨率小于或等于 0.2 mm。

（2）深度尺：金属制的深度测量尺，有手柄。深度尺测量杆端头直径不小于 10 mm，刻度读数分辨率小于或等于 0.2 mm。

（3）其他：皮尺或钢尺、粉笔等。

三、方法与步骤

1. 准备工作

（1）按有关规范规定选择测试路段。

（2）测试路段的测试地点选择：当为沥青路面施工过程中的质量检测时，测试地点应选在接缝处，以单杆测定评定；除高速公路以外，可用于其他等级公路路基路面工程质量检查验收或进行路况评定，每 200 m 测 2 处，每处连续测量 10 尺。除特殊需要者外，应以行车道一侧车轮轮迹（距车道线 0.8~1.0 m）作为连续测定的标准位置。对旧路已形成车辙的路面，应取车辙中间位置为测定位置，用粉笔在路面上做好标记。

（3）清扫路面测定位置处的污物。

2. 测试步骤

（1）施工过程中检测时，按根据需要确定的方向，将 3 m 直尺摆在测试地点的路面上。

（2）目测 3 m 直尺底面与路面之间的间隙情况，确定最大间隙的位置。

（3）用有高度标线的塞尺塞进间隙处，量测其最大间隙的高度（mm）；或者用深度尺在最大间隙位置量测直尺上顶面距地面的深度，该深度减去尺高即为测试点的最大间隙高度，准确至 0.2 mm。

四、计算

单杆检测路面的平整度计算，以 3 m 直尺与路面的最大间隙为测定结果。连续测定 10 尺时，判断每个测定值是否合格，根据要求，计算合格百分率，并计算 10 个最大间隙的平均值。

五、试验结果整理及记录

单杆检测的结果应随时记录测试位置及检测结果。连续测定 10 尺时，应报告平均值、不合格尺数、合格率。记录格式见表 3.3、表 3.4。

表 3.3　平整度检测记录表

工程名称：___公路___　施工单位：___公司___　结构层类型：_____　检测日期：_____

桩号	读数（mm）										最大值（mm）

本段检测点数 20 个，合格点数 20 个，合格率 100%。

表 3.4　平整度检测汇总表

工程名称_____　结构名称_____　规　定　值_____　路段桩号_____
检验者_____　计算者_____　校　核　者_____　检验日期_____

测定区间桩号	测定序号或桩号	最大间隙（mm）	合格尺数	合格率（%）	平均值（mm）

课外作业

学习领域	道路工程试验与检测
学习情境	学习情境3.2　路面现场检测
任　务	任务3.2.1　路面平整度检测

课外作业

1. 某高速公路，用连续式平整度仪对其沥青混凝土路面面层作了测定，测得该路段的平整度标准差分别为：0.48、0.46、0.51、0.50、0.65、1.67（桥头伸缩缝）、1.00（桥头伸缩缝）、0.71、0.50、0.54、0.57、0.91（mm），试判断路面面层平整度合格与否。平整度要求为[σ]=0.7 mm。

2. 路面平整度的含义？

3. 常见的测试路面平整度的方法有哪几种？各有何特点？

4. 简述3 m直尺测定路面平整度的主要步骤？

参考答案

1. 略

2. 答：路面的平整度是以规定的标准量程，间断地或连续地测量路表面的凹凸情况，即平整度。

3. 答：3 m直尺法，用于测定压实成型的路基、路面各层表面平整度以评定路面的施工质量及使用质量，根据"评定标准"规定，不能用于测定高速公路、一级公路沥青混凝土面层和水泥混凝土面层的平整度。

（1）连续式平整度仪：用于测定路面表面的平整度，评定路面的施工质量和使用质量，但不适用于已有较多的坑槽、破损严重的路面上测定。

（2）车载式颠簸累积仪：适用于测定路面表面的平整度，以评定路面的施工质量和使用的舒适性，但不适用于已有较多坑槽、破坏严重的路面上测定。

4. 答：（1）准备工作

① 按有关规范规定选择测试路段。

② 测试路段的测试地点选择：当为沥青路面施工过程中的质量检测时，测试地点应选在接缝处，以单杆测定评定；除高速公路以外，可用于其他等级公路路基路面工程质量检查验收或进行路况评定，每200 m测2处，每处连续测量10尺。除特殊需要者外，应以行车道一侧车轮轮迹（距车道线0.8～1.0 m）作为连续测定的标准位置。对旧路已形成车辙的路面，应取车辙中间位置为测定位置，用粉笔在路面上做好标记。

③ 清扫路面测定位置处的污物。

（2）测试步骤

① 施工过程中检测时，按根据需要确定的方向，将3 m直尺摆在测试地点的路面上。

② 目测3 m直尺底面与路面之间的间隙情况，确定最大间隙的位置。

③ 用有高度标线的塞尺塞进间隙处，量测其最大间隙的高度（mm）；或者用深度尺在最大间隙位置量测直尺上顶面距地面的深度，该深度减去尺高即为测试点的最大间隙高度，准确至0.2 mm。

任务 3.2.2 路面抗滑性检测

学习目标：
1. 会用手工铺砂法和电动铺砂仪测定路面构造深度；
2. 会用摆式仪测定路面摩擦系数。

教学设计

学习情境 3.2：路面现场检测		总学时	30
任务 3.2.2 路面抗滑性检测		学　时	8
分组情况	大组：5 组	每组（人）	8~9
	小组：10 组		4~5
教学目标	知识目标	1. 会用手工铺砂法和电动铺砂仪测定路面构造深度； 2. 会用摆式仪测定路面摩擦系数	
	能力目标	1. 具备独立学习、获取新知识的能力，有一定的逻辑思维能力、分析问题和解决问题的能力； 2. 具备与人交往、团队协作的能力，养成科学严谨的态度	
学习内容	1. 掌握手工铺砂法和电动铺砂仪测定路面构造深度的方法； 2. 掌握摆式仪测定路面摩擦系数的方法； 3. 掌握进行相关试验检测数据的统计分析的方法		
教学方法	案例教学法、项目教学法、小组讨论法、引导文法、实践操作法		
教学资源	1. 李刚，《道路工程试验与检测》多媒体课件； 2. 李刚，《道路工程试验与检测》任务工作单； 3. 案例：一组试验检测数据的统计分析、处理和表达； 4. 刘超群主编，《道路工程试验与检测》，西南交通大学出版社，2014.8（参考书）		
需导入的技术标准	《公路路基路面现场测试规程》（JTG E60—2008）[S].北京：中华人民共和国交通运输部发布，2008.		
教学条件	相关仪器设备、一体化教室、计算器、可以上网查资料的电脑工作台、有关规范和规程		

续表

	重点： 1. 手工铺砂法和电动铺砂仪测定路面构造深度的方法和摆式仪测定路面摩擦系数的方法 2. 试验检测数据的统计分析 难点： 试验检测数据的统计分析	解决方案： 采用任务驱动的教学方法，给学生提供一段试验检测路段，要求对此路段进行检测并对测得数据进行取舍判断后，进行试验检测数据统计分析
	学生应具备的知识能力与素质	学生应具备概率与数理统计的相关知识
对教师的能力要求	1. 课程相关的专业能力； 2. 组织课堂的能力； 3. 项目任务设计能力、项目组织经验、生产组织能力、协调与沟通能力等方法能力和社会能力	
教学组织实施	1. 下发学习任务工作单：先期给学生下发学习任务工作单，学生利用课余时间，利用教材、网络、参考资料等预习相关内容。 2. 讲授新课：手工铺砂法和电动铺砂仪测定路面构造深度的方法；摆式仪测定路面摩擦系数的方法；试验检测数据的统计分析方法。 3. 项目准备：将全班学生以每组4~5人或8~9人进行分组，每组选出负责人1名。 4. 下发任务：给学生提供一段校园道路，要求对其进行手工铺砂法和电动铺砂仪测定路面构造深度，并用摆式仪测定路面摩擦系数。按要求对测得数据进行处理并评价其路面抗滑性。 5. 制订计划：各小组负责人督促本组成员完成项目计划，并对小组成员进行任务分工。 6. 项目实施：各小组长组织本小组同学讨论，确定检测位置和方法；教师进行巡查，了解每小组的进度，督促各小组成员按计划积极参与任务的完成；各小组成员按分工的任务积极完成；教师对学生提出的问题进行指导，激发学生的学习动力；组长负责检测成果的汇总，并形成汇报材料。 7. 项目展示：每个小组派一名代表对本组检测和分析处理的过程、方法和结果进行相关说明，并接受其他组同学的提问。 8. 项目评价：每个小组发放一份考核评价表，对除本组之外的其他组进行客观的评分。 9. 教师点评：教师对每个小组的检测过程和成果进行点评，充分肯定每个小组的成果，同时指出其存在的不足和需要改进的思路和方法，使学生能够真正有所提高，达到正确处理试验检测数据的能力。 10. 项目完善：每组继续修改各自的试验数据，以进一步提高自身的操作水平	

学生学习任务工作单

学习领域	道路工程试验与检测		
学习情境	学习情境 3.2　路面现场检测		
任　　务	任务 3.2.2　路面抗滑性检测		
班　级		姓　名	
学习小组		工作时间	

任务描述

通过本学习情境的学习，要求学生能够做到：
1. 掌握手工铺砂法和电动铺砂仪测定路面构造深度的方法；
2. 掌握摆式仪测定路面摩擦系数的方法；
3. 掌握进行相关试验检测数据的统计分析的方法。

引导文

【基础知识的认知】

1. 路面抗滑性指标有哪些？

2. 用以测试路面抗滑能力的方法有哪些？

3. 什么是铺砂法测定路面抗滑性能？（包括手动和电动）

4. 铺砂法测定路面抗滑性能对所使用的砂有何要求？为什么？

5. 铺砂法测定路面抗滑性能的方法和步骤是什么？（包括手动和电动）

6. 摆式摩擦系数仪的构造和原理是什么？

7. 摆式摩擦系数仪测定路面摩擦系数的方法和步骤是什么？

8. 测试路面抗滑性能时，如何在被测道路上选取合适的测试位置？

132

9. 如何用构造深度评价路面抗滑性能？

10. 如何用摆式摩擦系数评价路面抗滑性能？

【动手能力的训练】
　　请对陕铁院天佑路、以升路、陇海路等校园道路路面使用不同方法（包括铺砂法和摆式仪法）分别进行抗滑性能测试评价。（采用二级公路的评价指标，不同小组的具体测试道路由指导老师现场指定）

　　请结合自己的认识，说出对本学习任务的其他说明，列写出你们小组提出的其他问题：

任务学习其他说明或建议：

指导教师评语：

任务完成人签字：　　　　　　　　　　　　　　日期：　　年　　月　　日
指导教师签字：　　　　　　　　　　　　　　　日期：　　年　　月　　日

考核评价表

学习领域	道路工程试验与检测	学时：64学时
学习情境3.2	路面现场检测	学时：30学时
任务3.2.2	路面抗滑性检测	学时：8学时
班 级		姓 名
学习小组		工作时间

	评价指标	分值	学生自评	组员互评	教师评价
自主学习	1．是否课前预习	5			
	2．主动学习，积极分析	5			
	3．查阅资料、获取信息	10			
职业素养	4．团队意识、协作精神及对小组的贡献	5			
	5．沟通及表达能力	5			
	6．爱护仪器设备、遵守操作规程	10			
知识掌握程度	7．回答问题的准确性	5			
	8．小组讨论发言的积极性	5			
	9．学生提问的深度、积极性	5			
	10．汇报完整、思路清晰	10			
实践能力	11．仪器操作的正确规范	10			
	12．测试位置的选取规范	5			
	11．得出数据资料的完整性	5			
	12．数据分析的正确性	10			
	13．得出评价结论的正确性	5			
	小计	100			

试验指导书及报告

学习领域	道路工程试验与检测
学习情境	学习情境 3.2　路面现场检测
任　务	任务 3.2.2　路面抗滑性检测 手工铺砂法（E60-2008）
班　级	姓　名

一、试验目的和适用范围

路面表面的构造深度（TD）以前称纹理深度，是路面粗糙度的重要指标，它与路表抗滑性能、排水、噪声等都有一定关系。铺砂法是将细砂铺在路面上，计算嵌入凹凸不平的表面空隙中砂的体积与覆盖面积之比，从而求得构造深度。这是目前工程上最为基本也是最为常用的方法。

本法适用于测定沥青路面及水泥混凝土路面表面的构造深度，用以评定路面表面的宏观构造。

二、仪具与材料技术要求

1. 人工铺砂仪

（1）量砂筒：一端是封闭的，容积为（25±0.15）mL，可通过称量砂筒中水的质量以确定其容积 V，并调整其高度，使其容积符合规定。带一专门的刮尺，可将筒口量砂刮平。

（2）推平板：推平板应为木制或铝制，直径 50 mm，底面粘一层厚 1.5 mm 的橡胶片，上面有一圆柱形把手。

（3）刮平尺：可用 30 cm 钢板尺代替。

2. 量砂：足够数量的干燥洁净的匀质砂，粒径 0.15～0.3 mm。

3. 量尺：钢板尺、钢卷尺，或采用已按相应公式将直径换算成构造深度作为刻度单位的专用的构造深度尺。

4. 其他：装砂容器（小铲）、扫帚或毛刷、挡风板等。

三、方法与步骤

1. 准备工作：

（1）量砂准备：取洁净的细砂，晾干过筛，取 0.15～0.3 mm 的砂于适用的容器中备用。量砂只能在路面上使用一次，不宜重复使用。

（2）对测试路段按随机取样选点的方法，决定测点所在横断面的位置。测点应选择在车道的轮迹带上，距路面边缘不应小于 1 m。

2. 试验步骤：

（1）用扫帚或毛刷将测点附近的路面清扫干净，面积不小于 30 cm×30 cm。

（2）用小铲装砂，沿筒壁向圆筒中注满砂，手提圆筒上方，在硬质路表面上轻轻地叩打 3 次，使砂密实，补足砂面用钢尺一次刮平。

注：不可直接用量砂筒装砂，以免影响量砂密度的均匀性。

（3）将砂倒在路面上，用底面粘有橡胶片的推平板，由里向外重复做旋转摊铺运动，稍稍用力将砂细心地尽可能地向外摊开，使砂填入凹凸不平的路表面的空隙中，尽可能将砂摊铺成圆形，并不得在表面上留有浮动余砂。注意，摊铺时不可用力过大或向外推挤。

（4）用钢板尺测量所构成圆的两个垂直方向的直径，取其平均值，准确至 5 mm。

（5）按以上方法，同一处平行测定不少于 3 次，3 个测点均位于轮迹带上，测点间距 3~5 m。对同一处，应该由同一个试验员进行测定。该处的测定位置以中间测点的位置来表示。

四、计算

1. 路面表面构造深度测定结果按下式计算：

$$TD = \frac{1000V}{\pi D^2/4} = \frac{31831}{D^2}$$

式中：TD——路面表面的构造深度（mm）；
   V——砂的体积（25 cm³）；
   D——推平砂的平均直径（mm）。

2. 每一处均取 3 次路面构造深度的测定结果的平均值作为试验结果，精确至 0.01 mm。
3. 计算每一个评定区间路面构造深度的平均值、标准差、变异系数。

五、试验结果整理及记录

1. 按表 3.5 格式逐点报告路面构造深度的测定值及 3 次测定的平均值。当平均值小于 0.2mm 时，试验结果以 "<0.2 mm" 表示。
2. 每一个评定区间路面构造深度的平均值、标准差、变异系数。

表 3.5　手工铺砂路面构造深度试验记录

工程名称_____　结构层次_____　路段桩号_____
检验者_____　计算者_____　校核者_____　检验日期_____

测试地点		构造深度 TD（mm）				路况描述	备注
桩号	横距（m）	1	2	3	平均值		

测点数	规定值	平均值	标准差	变异系数	合格率

课外作业

学习领域	道路工程试验与检测
学习情境	学习情境3.2　路面现场检测
任　务	任务3.2.2　路面抗滑性检测

课外作业

1. 根据"评定标准"规定，可以用于沥青混凝土面层抗滑性能测试的方法有哪些？并简述各方法的测试原理。
2. 试论述摆式仪法测试过程。
3. 简述手工铺砂法测定抗滑性能的过程。

参考答案

1. 答：铺砂法，摆式仪法，横向力系数测定车法。

（1）铺砂法原理：将已知体积的砂，摊铺在所要测试路表的测点上，量取摊平覆盖的面积，砂的体积与所覆盖平均面积的比值，为构造深度。

（2）摆式仪原理：摆式仪的摆锤底面装一橡胶滑块，当摆锤从一定高度自由下摆时，滑块面同试验表面接触，由于两者间的摩擦而损耗部分能量，使摆锤只能回摆一定高度，表面摩擦阻力越大，回摆高度越小（摆值越大）。

（3）横向力系数测定车法原理：测试车上有两个试验轮胎，它们对车辆行驶方向偏转一定的角度。汽车以一定的速度在潮湿路面上行驶时，试验轮胎受到侧向的摩阻作用。此摩阻力除以试验轮胎的载重，即为横向力系数。

2. 答：（1）准备工作。

①检查摆式仪的调零灵敏情况，必要时，对仪器进行标定。

②随机选择测点位置。

（2）现场测试。

①仪器调平，旋转调平螺栓，使水准泡居中。

②调零，调整摆的调节螺母，使摆释放后，能自由摆动（与路表无接触）至另一侧水平位置（即指针指向零），调零允许误差为±1BPN。

③校核滑动长度，转动立柱上升降把手，使摆在路表的接触长度为126 mm。

④洒水浇洗测试路面。

⑤测试，再次洒水，按下释放开关，使摆在路面滑过，指针所指刻度，即为摆值（BPN）。不记录第1次测量值。

⑥重复测定5次，5次数值中最大值与最小值的差值应≤3BPN，取5次测定的平均值作为该测点的摩擦摆值。

⑦温度修正，把非标准温度测得的摆值换算为标准温度（20℃）的摆值。

3. 答：（1）准备工作。

①量砂准备：取洁净的细砂晾干、过筛，取0.15～0.3 mm的砂置适当的容器中备用；

②用随机取样的方法选点,决定测点所在的横断面位置。
(2)试验步骤。
①用扫帚或毛刷将测点附近的路面清扫干净;
②用小铲装砂沿筒向圆筒中注满砂,手提圆筒上方,在硬质路面上轻轻叩打3次,使砂密实,补足砂面用钢尺一次刮平;
③将砂倒在路面上,用摊平板由里向外做摊铺运动,使砂填入凹凸不平的路表面的空隙中,尽可能摊成圆形,表面不得有浮动余砂;
④用钢板量所构成的圆的两个垂直方向的直径,取平均值;
⑤计算构造深度,结果用mm表示。

任务 3.2.3 路面渗水检测

学习目标:
会用渗水仪测定沥青路面的渗水系数

教学设计

学习情境3.2	路面现场检测		总学时	30
任务3.2.3	路面渗水检测		学时	2
分组情况	大组:5组		每组(人)	8~9
	小组:10组			4~5
教学目标	知识目标	1.会用渗水仪测定沥青路面的渗水系数; 2.会进行试验数据的处理和分析		
	能力目标	1.具备独立学习、获取新知识的能力,有一定的逻辑思维能力、分析问题和解决问题的能力; 2.具备与人交往、团队协作的能力,养成科学严谨的态度		
学习内容	1.掌握渗水仪测定沥青路面的渗水系数的方法; 2.掌握进行相关试验检测数据的统计分析的方法			
教学方法	案例教学法、项目教学法、小组讨论法、引导文法、实践操作法			
教学资源	1.李刚,《道路工程试验与检测》多媒体课件; 2.李刚,《道路工程试验与检测》任务工作单; 3.案例:一组试验检测数据的统计分析、处理和表达; 4.刘超群主编,《道路工程试验与检测》,西南交通大学出版社,2014.8(参考书)			

续表

需导入的技术标准	《公路路基路面现场测试规程》(JTG E60—2008)[S]. 北京：中华人民共和国交通运输部发布，2008.	
教学条件	相关仪器设备、一体化教室、计算器、可以上网查资料的电脑工作台、有关规范和规程	
	重点： 1．渗水仪测定沥青路面渗水系数的方法； 2．试验检测数据的统计分析 难点： 试验检测数据的统计分析	解决方案： 采用任务驱动的教学方法，给学生提供一段试验检测路段，要求对此路段进行检测并对测得数据进行取舍判断后，进行试验检测数据统计分析
	学生应具备的知识能力与素质	学生应具备概率与数理统计的相关知识
对教师的能力要求	1．课程相关的专业能力； 2．组织课堂的能力； 3．项目任务设计能力、项目组织经验、生产组织能力、协调与沟通能力等方法能力和社会能力	
教学组织实施	1．下发学习任务工作单：先期给学生下发学习任务工作单，学生利用课余时间，利用教材、网络、参考资料等预习相关内容。 2．讲授新课：渗水仪测定沥青路面的渗水系数的方法；试验检测数据的统计分析方法。 3．项目准备：将全班学生以每组4~5人或8~9人进行分组，每组选出负责人1名。 4．下发任务：给学生提供一段校园道路，要求对其进行渗水仪测定沥青路面的渗水系数。按要求对测得数据进行处理并评价其路面渗透性。 5．制订计划：各小组负责人督促本组成员完成项目计划，并对小组成员进行任务分工。 6．项目实施：各小组长组织本小组同学讨论，确定检测位置和方法；教师进行巡查，了解每小组的进度，督促各小组成员按计划积极参与任务的完成；各小组成员按分工的任务积极完成；教师对学生提出的问题进行指导，激发学生的学习动力；组长负责检测成果的汇总，并形成汇报材料。 7．项目展示：每个小组派一名代表对本组检测和分析处理的过程、方法和结果进行相关说明，并接受其他组同学的提问。 8．项目评价：每个小组发放一份考核评价表，对除本组之外的其他组进行客观的评分。 9．教师点评：教师对每个小组的检测过程和成果进行点评，充分肯定每个小组的成果，同时指出其存在的不足和需要改进的思路和方法，使学生能够真正有所提高，达到正确处理试验检测数据的能力。 10．项目完善：每组继续修改各自的试验数据，以进一步提高自身的操作水平	

学生学习任务工作单

学习领域	道路工程试验与检测		
学习情境	学习情境3.2 路面现场检测		
任　务	任务3.2.3 路面渗水检测		
班　级		姓　名	
学习小组		工作时间	

任务描述

通过本学习情境的学习，要求学生能够做到：
1. 掌握渗水仪测定沥青路面渗水系数的方法；
2. 掌握进行相关试验检测数据统计分析的方法。

引导文

【基础知识的认知】

1. 路面渗水的危害有哪些？

2. 如何测试和评价路面渗透性的大小？

3. 路面渗水仪的构造和原理是什么？

4. 测试路面渗透性能时，如何在被测道路上选取合适的测试位置？

5. 路面渗水仪测定路面渗透性能的方法和步骤是什么？

【动手能力的训练】

请对陕铁院天佑路、以升路、陇海路等校园道路路面使用路面渗水仪进行路面渗透性能测试评价。（采用二级公路的评价指标，不同小组的具体测试道路由指导老师现场指定）

请结合自己的认识，说出对本学习任务的其他说明，列写出你们小组提出的其他问题：

任务学习其他说明或建议：

指导教师评语：

任务完成人签字：　　　　　　　　　　　　　日期：　　年　　月　　日
指导教师签字：　　　　　　　　　　　　　　日期：　　年　　月　　日

考核评价表

学习领域	道路工程试验与检测		学时：64 学时			
学习情境 3.2	路面现场检测		学时：30 学时			
任务 3.2.3	路面渗水检测		学时：2 学时			
班 级		姓 名				
学习小组		工作时间				
	评价指标		分值	学生自评	组员互评	教师评价
自主学习	1．是否课前预习		5			
	2．主动学习，积极分析		5			
	3．查阅资料、获取信息		10			
职业素养	4．团队意识、协作精神及对小组的贡献		5			
	5．沟通及表达能力		5			
	6．爱护仪器设备、遵守操作规程		10			
知识掌握程度	7．回答问题的准确性		5			
	8．小组讨论发言的积极性		5			
	9．学生提问的深度、积极性		5			
	10．汇报完整、思路清晰		10			
实践能力	11．仪器操作的正确规范		10			
	12．测试位置的选取规范		5			
	11．得出数据资料的完整性		5			
	12．数据分析的正确性		10			
	13．得出评价结论的正确性		5			
年 月 日	小计		100			

试验指导书及报告

学习领域	道路工程试验与检测
学习情境	学习情境 3.2 路面现场检测
任 务	任务 3.2.3 路面渗水检测 沥青路面渗水试验方法（E60—2008）
班 级	姓 名

一、试验目的和适用范围

沥青路面渗水性能用渗水系数来表示，是反映路面沥青混合料级配组成的一个间接指标，也是沥青路面水稳定性的一个重要指标。如果整个沥青面层均透水，则水势必进入基层或路基，使路面承载力降低。相反，如果沥青面层中有一层不透水，而表层能很快透水，则不致形成水膜，对抗滑性能有很大好处。所以，路面渗水系数已成为评价路面使用性能的一个重要指标。

沥青路面渗水性能检验方法有许多种，我国目前常用的一种是路面渗水仪。路面的渗水性能用渗水仪在一定的初始静压水头作用下，以单位时间渗入一定路面面积内的水量来表示。本方法适用于路面现场测定沥青路面的渗水系数。

二、仪具与材料技术要求

1. 路面渗水仪：上部盛水量筒由透明有机玻璃制成，容积 600 mL，上有刻度，在 100 mL 及 500 mL 处有粗标线，下方通过 ϕ10 mm 的细管与底座相接，中间有一开关。量筒通过支架联结，底座下方开口内径 ϕ50 mm，外径 ϕ220 mm，仪器附不锈钢圈压重两个，每个质量约 5 kg，内径 ϕ160 mm。

2. 水筒及大漏斗。

3. 秒表。

4. 密封材料：防水腻子、油灰或橡皮泥。

5. 其他：水、粉笔、塑料圈、刮刀、扫帚等

三、方法与步骤

1. 准备工作

（1）在测试路段的行车道路面上，按公路路基路面现场测试随机选点的方法选择测试位置，每一个检测路段应测定 5 个测点，并用粉笔画上测试标记。

（2）试验前，先用扫帚清扫表面，并用刷子将路面表面的杂物刷去。杂物的存在一方面会影响水的渗入，另一方面也会影响渗水仪和路面或者试件的密封效果。

2. 测试步骤

（1）将塑料圈置于试件中央或者路面表面的测点上，用粉笔分别沿塑料圈的内侧和外侧画上圈，在外环和内环之间的部分就是需要用密封材料进行密封的区域。

（2）用密封材料对环状密封区域进行密封处理，注意不要使密封材料进入内圈。如果密封材料不小心进入内圈，必须用刮刀将其刮走。然后再将搓成拇指粗细的条状密封材料摞在环状密封区域的中央，并且摞成一圈。

（3）将渗水仪放在试件或者路面表面的测点上，注意使渗水仪的中心尽量和圆环中心重合，然后略微使劲将渗水仪压在条状密封材料表面，再将配重加上，以防压力水从底座与路面间流出。

（4）将开关关闭，向量筒中注满水，然后打开开关，使量筒中的水下流排出渗水仪底部内的空气，当量筒中水面下降速度变慢时用双手轻压渗水仪使渗水仪底部的气泡全部排出。关闭开关，并再次向量筒中注满水。

（5）将开关打开，待水面下降至 100 mL 刻度时，立即开动秒表开始计时，每间隔 60 s，读记仪器管的刻度一次，至水面下降 500 mL 时为止。测试过程中，如水从底座与密封材料间渗出，说明底座与路面密封不好，应移至附近干燥路面处重新操作。当水面下降速度较慢，则测定 3 min 的渗水量即可停止；如果水面下降速度较快，在不到 3min 的时间内到达了 500 mL 刻度线，则记录到达了 500 mL 刻度线时的时间；若水面下降至一定程度后基本保持不动，说明路面基本不透水或根本不透水，在报告中注明。

（6）按以上步骤在同一个检测路段选择 5 个测点测定渗水系数，取其平均值作为检测结果。

四、计算

沥青路面的渗水系数按下式计算，计算时以水面从 100 mL 下降至 500 mL 所需的时间为标准，若渗水时间过长，也可以采用 3 min 通过的水量计算。

$$C_w = \frac{V_2 - V_1}{t_2 - t_1} \times 60$$

式中：C_w——路面渗水系数（mL/min）；
V_1——第一次计时时的水量（mL），通常为 100 mL；
V_2——第二次计时时的水量（mL），通常为 500 mL；
t_1——第一次计时时的时间（s）；
t_2——第二次计时时的时间（s）。

五、试验结果整理及记录

现场检测，每一个检测路段应测定 5 个测点，列表逐点报告每个检测路段各个测点的渗水系数及 5 个测点的平均值、标准差、变异系数。若路面不透水，则在报告中注明渗水系数为 0，见表 3.6。

表 3.6 沥青路面渗水性测试记录表

道路名称							路面类型	干湿状态	
测点	在下列时刻（min）所读数值						渗水系数 C_w（mL/min）	备注
	0.5	1.0	1.5	2.0	2.5	3.0		
说明									

测试者：　　　　　　　　　　　　　　　　　复核者：

课外作业

学习领域	道路工程试验与检测
学习情境	学习情境3.2　路面现场检测
任务	任务3.2.3　路面渗水检测

课外作业

简述渗水系数测试的必要性及测试要点。

参考答案

答：沥青路面渗水性能用渗水系数来表示，是反映路面沥青混合料级配组成的一个间接指标，也是沥青路面水稳定性的一个重要指标。如果整个沥青面层均透水，则水势必进入基层或路基，使路面承载力降低。相反，如果沥青面层中有一层不透水，而表层能很快透水，则不致形成水膜，对抗滑性能有很大好处。所以，路面渗水系数已成为评价路面使用性能的一个重要指标。

（1）准备工作。

① 在测试路段的行车道路面上，按公路路基路面现场测试随机选点的方法选择测试位置，每一个检测路段应测定5个测点，并用粉笔画上测试标记。

② 试验前，先用扫帚清扫表面，并用刷子将路面表面的杂物刷去。杂物的存在一方面会影响水的渗入，另一方面也会影响渗水仪和路面或者试件的密封效果。

（2）测试步骤。

① 将塑料圈置于试件中央或者路面表面的测点上，用粉笔分别沿塑料圈的内侧和外侧画上圈，在外环和内环之间的部分就是需要用密封材料进行密封的区域。

② 用密封材料对环状密封区域进行密封处理，注意不要使密封材料进入内圈。如果密封材料不小心进入内圈，必须用刮刀将其刮走。然后再将搓成拇指粗细的条状密封材料摆在环状密封区域的中央，并且摆成一圈。

③ 将渗水仪放在试件或者路面表面的测点上，注意使渗水仪的中心尽量和圆环中心重合，然后略微使劲将渗水仪压在条状密封材料表面，再将配重加上，以防压力水从底座与路面间流出。

④ 将开关关闭，向量筒中注满水，然后打开开关，使量筒中的水下流排出渗水仪底部内的空气，当量筒中水面下降速度变慢时用双手轻压渗水仪使渗水仪底部的气泡全部排出。关闭开关，并再次向量筒中注满水。

⑤ 将开关打开，待水面下降至100 mL刻度时，立即开动秒表开始计时，每间隔60 s，读记仪器管的刻度一次，至水面下降500 mL时为止。测试过程中，如水从底座与密封材料间渗出，说明底座与路面密封不好，应移至附近干燥路面处重新操作。当水面下降速度较慢，则测定3 min的渗水量即可停止；如果水面下降速度较快，在不到3 min的时间内到达了500 mL刻度线，则记录到达了500 mL刻度线时的时间；若水面下降至一定程度后基本保持不动；说明路面基本不透水或根本不透水，在报告中注明。

⑥ 按以上步骤在同一个检测路段选择5个测点测定渗水系数，取其平均值作为检测结果。

学习情境 4 桥梁检测

任务 4.1 回弹法对水泥混凝土强度检测

学习目标：
能够使用回弹仪进行水泥混凝土强度检测。

教学设计

学习情境 4	桥梁检测		总学时	6
任务 4.1	回弹法对水泥混凝土强度检测		学时	2
分组情况	大组：5 组		每组（人）	8~9
	小组：10 组			4~5
教学目标	知识目标	1. 使学生了解回弹仪的基本构造、基本性能、工作原理和使用方法； 2. 使学生掌握回弹法检测混凝土强度的基本步骤和方法		
	能力目标	1. 具备独立学习、获取新知识的能力，有一定的逻辑思维能力、分析问题和解决问题的能力； 2. 具备与人交往、团队协作的能力，养成科学严谨的态度		
学习内容	1. 回弹仪的基本构造、基本性能、工作原理和使用方法； 2. 回弹法检测混凝土强度的基本步骤和方法			
教学方法	案例教学法、项目教学法、小组讨论法、引导文法、实践操作法			
教学资源	1. 欧阳志，《回弹法对水泥混凝土强度检测》多媒体课件； 2. 欧阳志，《回弹法对水泥混凝土强度检测》任务工作单； 3. 案例：一组试验检测数据的统计分析、处理和表达； 4. 刘超群主编，《道路工程试验与检测》，西南交通大学出版社，2014.8（参考书）			
需导入的技术标准	1.《回弹法检测混凝土抗压强度技术规程》（JGJT23—2011）[S]. 北京：中华人民共和国住房和城乡建设部，2011. 2.《公路工程质量检验评定标准 第一册 土建工程》（JTG F80/1—2004）[S]. 北京：中华人民共和国交通运输部发布，2004.			

续表

教学条件	一体化教室、计算器、可以上网查资料的电脑工作台、有关规范和规程	
重点： 1．回弹仪的基本构造、基本性能、工作原理和使用方法； 2．回弹法检测混凝土强度的基本步骤和方法	解决方案： 采用任务驱动的教学方法，给学生提供基础知识的认知引导和动手能力的训练，要求学生熟练掌握相关知识和能力	
学生应具备的知识能力与素质	学生应具备桥梁基础知识和桥梁施工相关知识	
对教师的能力要求	1．课程相关的专业能力； 2．组织课堂的能力； 3．项目任务设计能力、项目组织经验、生产组织能力、协调与沟通能力等方法能力和社会能力	

教学组织	1．下发学习任务工作单：先期给学生下发学习任务工作单，学生利用课余时间，利用教材、网络、参考资料等预习相关内容。 2．讲授新课：回弹仪的基本构造、基本性能、工作原理和使用方法、回弹法检测混凝土强度的基本步骤和方法。 3．项目准备：将全班学生以每组4~5人或8~9人进行分组，每组选出负责人1名。 4．下发任务：测区及测点布置、回弹值的测量、回弹值的计算、混凝土强度的计算、试验结果整理及记录 5．制订计划：各小组负责人督促本组成员完成项目计划，并对小组成员进行任务分工。 6．项目实施：各小组长组织本小组同学讨论，确定计算办法；教师进行巡查，了解每小组的实施进度，督促各小组成员按计划积极参与任务的完成；各小组成员按分工的任务积极完成；教师对学生提出的问题进行指导，激发学生的学习动力；组长负责计算成果的汇总，并形成汇报材料。 7．项目展示：每个小组派一名代表对本组分析处理的过程、方法和结果进行相关说明，并接受其他组同学的提问。 8．项目评价：每个小组发放一份考核评价表，对除本组之外的其他组进行客观的评分。 9．教师点评：教师对每个小组的作品进行点评，充分肯定每个小组的成果，同时指出其存在的不足和需要改进的思路和方法，使学生能够真正有所提高，达到正确处理试验检测数据的能力。 10．项目完善：每组继续修改各自的试验数据，以进一步提高自身的操作水平

学生学习任务工作单

学习领域	道路工程试验与检测
学习情境	学习情境4 桥梁检测
任 务	任务4.1 回弹法对水泥混凝土强度检测
班 级	姓 名
学习小组	工作时间

任务描述

通过本学习情境的学习，要求学生能够做到：
1. 了解回弹仪的基本构造、基本性能、工作原理和使用方法；
2. 掌握回弹法检测混凝土强度的基本步骤和方法；
3. 进行结构试验的动手能力和科学研究的分析能力。

引导文

【基础知识的认知】
1. 回弹仪的基本构造、基本性能是什么？

2. 回弹仪的基本基本工作原理是什么？

3. 回弹法检测混凝土强度的基本步骤和方法是什么？

4. 回弹法检测混凝土强度测区及测点布置要求是什么？

5. 回弹值的计算公式是什么？各个符号的含义是什么？

6. 混凝土强度的计算公式是什么？各个符号的含义是什么？

请结合自己的认识，列写出你们小组提出的其他问题：

任务学习其他说明或建议：

指导教师评语：

任务完成人签字：　　　　　　　　　　　　　　日期：　　年　　月　　日
指导教师签字：　　　　　　　　　　　　　　　日期：　　年　　月　　日

考核评价表

学习领域	道路工程试验与检测		学时：64学时	
学习情境4	桥梁检测		学时：6学时	
任务4.1	回弹法对水泥混凝土强度检测		学时：2学时	
班　级		姓　名		
学习小组		工作时间		

	评价指标	分值	学生自评	组员互评	教师评价
自主学习	1．是否课前预习	5			
	2．主动学习，积极分析	5			
	3．查阅资料、获取信息	10			
职业素养	4．团队意识、协作精神及对小组的贡献	5			
	5．沟通及表达能力	5			
	6．爱护仪器设备、遵守操作规程	10			
知识掌握程度	7．回答问题的准确性	5			
	8．小组讨论发言的积极性	5			
	9．学生提问的深度、积极性	10			
	10．汇报完整、思路清晰	10			
实践能力	11．测区及测点布置	10			
	12．回弹值的测量与计算	10			
	13．混凝土强度的计算	10			
	小计	100			

试验指导书及报告

学习领域	道路工程试验与检测
学习情境	学习情境4 桥梁检测
任　务	任务4.1 回弹法对水泥混凝土强度检测
班　级	姓　名

一、试验目的和适用范围

1. 使学生了解回弹仪的基本构造、基本性能、工作原理和使用方法。
2. 使学生掌握回弹法检测混凝土强度的基本步骤和方法。
3. 培养学生进行结构试验的动手能力和科学研究的分析能力。

二、仪器设备（见图4.1）

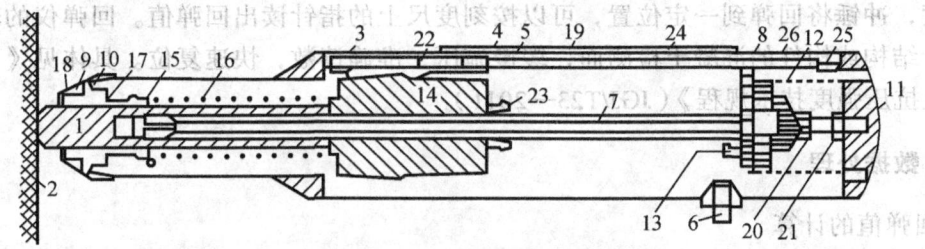

图4.1 回弹仪构造图

1—冲杆；2—试验构件表面；3—套筒；4—指针；5—刻度尺；6—按钮；7—导杆；8—导向板；
9—螺丝盖帽；10—卡环；11—后盖；12—压力弹簧；13—钩子；14—锤；15—弹簧；
16—拉力弹簧；17—轴套；18—毡圈；19—护尺透明片；20—调整螺丝；
21—固紧螺丝；22—弹簧片；23—钢套；24—指针导杆；
25—固定块；26—弹簧

三、实验原理及方法

回弹仪法是利用混凝土的强度与表面硬度间存在的相关关系，用检测混凝土表面硬度的方法来间接检验或推定混凝土强度。回弹值的大小与混凝土表面的弹、塑性质有关，其回弹值与表面硬度之间也存在相关关系，回弹值大说明表面硬度大、抗压强度越高，反之越低。由于测试方向、水泥品种、养护条件、龄期、碳化深度等的不同，所测之回弹值均有所不同，应予以修正，然后再查相应的混凝土强度关系图表，求得所测之混凝土强度。

四、实验步骤

1. 测区及测点布置

每位同学各自选取一个测区，每测区面积约（20×20）cm²，每测区弹击16个点。构件测区的选择应符合下列要求：

（1）对长度不小于3 m的构件，其测区数不少于10个，对长度小于3 m且高度低于0.6 m

的构件，其测区数量可适当减少，但不应少于5个。

（2）相邻两测区的间距应控制在2 m以内，测区离构件边缘的距离不宜大于0.5 m。

（3）测区应选在使回弹仪处于水平方向，检测混凝土浇筑侧面。当不能满足这一要求时，方可选在使回弹仪处于非水平方向，检测混凝土浇筑侧面、表面或底面。

（4）测区宜选在构件的两个对称可测面上，也可选在一个可测面上，且应均匀分布。在构件的受力部位及薄弱部位必须布置测区，并应避开预埋件。

（5）检测面应为原状混凝土面，并应清洁、平整，不应有疏松层、浮浆、油垢以及蜂窝、麻面，必要时可用砂轮清除疏松层和杂物，且不应有残留的粉末或碎屑。

（6）对于弹击时会产生颤动的薄壁、小型构件应设置支撑固定。

结构或构件的测区应标有清晰的编号，必要时应在记录纸上描述测区布置示意图和外观质量情况。

2. 回弹值的测量

回弹仪使用时的环境温度应为-4～+40℃。检测时，将弹击杆1垂直对准具有代表性的被测位置，然后使仪器的冲锤借弹簧的力量打击冲杆，根据与冲杆头部接触处的混凝土试件表面的硬度，冲锤将回弹到一定位置，可以按刻度尺上的指针读出回弹值。回弹仪的轴线应始终垂直于结构或构件的混凝土检测面，缓慢施压，准确读数，快速复位。具体见《回弹法检测混凝土抗压强度技术规程》（JGJ/T23—2011）。

五、数据处理

1. 回弹值的计算

每测区共弹击16点，16个回弹值中，分别剔除3个最大值和最小值，取余下10个回弹值的平均值为测区代表值：

$$R_m = \frac{1}{10}\sum_{i=1}^{10} R_i$$

式中 R_m——测区平均回弹值，计算至0.1；

R_i——第i个测点的回弹值。

当回弹仪非水平方向测试混凝土浇筑侧面时，应按下式换算为水平方向测试时的测区平均回弹值。

$$R_m = R_{ma} + R_{a\alpha}$$

式中 R_{ma}——非水平状态监测时测区的平均回弹值，计算到0.1；

$R_{a\alpha}$——非水平状态监测的回弹值修正值，可按《回弹法检测混凝土抗压强度技术规程》（JGJ/T23—2011）附录C采用。

当回弹仪水平方面测试混凝土浇筑表面或底面时应按下式换算为测试混凝土浇筑侧面的测区平均回弹值：

$$R_m = R_m^t + R_a^t$$
$$R_m = R_m^b + R_a^b$$

式中 R_m^t、R_a^t——回弹仪测试混凝土浇筑表面或底面时的测区平均回弹值，计算到0.1；

R_m^b、R_a^b——混凝土浇筑表面、底面回弹值的修正值，计算至0.1。其取值按《回弹法检测混凝土抗压强度技术规程》（JGJ/T23—2011）附录D采用。

如测试时仪器既非水平方向而测区又非混凝土浇筑侧面，则应对回弹值先进行角度修正，然后再进行浇筑面修正。

2. 混凝土强度的计算

（1）测区混凝土强度值的确定：

根据每一测区的回弹平均值及 R_m 碳化深度，查阅现行规范之相应的专用曲线，或地方曲线，或统一曲线，所查的强度值即为该测区混凝土的强度（未列出的测区强度值可用内插法求得）。

（2）结构或构件混凝土强度的确定：

① 构件强度平均值计算：

$$m_{f_{cu}^c} = \frac{1}{n}\sum_{i=1}^{n} f_{cu,i}^c$$

式中：$m_{f_{cu}^c}$——构件混凝土强度平均值（MPa），精确到 0.1 MPa

$f_{cu,i}^c$——试样第 i 测区混凝土强度值（MPa），精确至 ±0.1 MPa。它同该测区平均回弹值 R_m 和平均碳化深度有关。

对单个检测的构件，取一个构件的测区数；对批量检测的构件，取被抽检测区数之和。

② 强度标准差计算：

$$S_{f_{cu}^c} = \sqrt{\frac{\sum_{i=1}^{n}(f_{cu,i}^c)^2 - n(m_{f_{cu}^c})^2}{n-1}}$$

式中：$S_{f_{cu}^c}$——结构或构件测区混凝土强度的标准差（MPa），精确到 0.01 MPa。

备注：测区混凝土强度换算值是指按本规程检测的回弹值和碳化深度值，换算成相当于被测结构或构件的测区在该龄期下的混凝土抗压强度值。

③ 强度推定方法：

当按单个构件检测时，以最小值作为该构件的混凝土的强度推定值：

$$f_{cu,e} = f_{cu,min}^c$$

当按批量检测时，应按下列公式中的较大值为该批构件的混凝土强度推定值，即：

$$f_{cu,e1} = m_{f_{cu,min}^c} - 1.645 S_{f_{cu}^c}$$

式中：$m_{f_{cu,min}^c}$——该批每个构件中最小的测区混凝土强度换算值的平均值（MPa），精确至 ±0.1 MPa。

备注：构件混凝土强度推定值是指相应于强度换算值总体分布中保证率不低于 95% 的强度值。

对于按批量检测的构件，当该批构件混凝土强度标准差出现下列情况之一时，则该批构件应全部按单个构件检测：

当该批构件混凝土强度平均值小于 25 MPa 时：

$$S_{f_{cu}^c} > 4.5 \text{ MPa}$$

当该批构件混凝土强度平均值不小于 25 MPa 时：

$$S_{f_{cu}^c} > 5.5 \text{ MPa}$$

六、试验结果整理及记录

1. 回弹法检测原始记录表

编号		回弹值																碳化深度(mm)
试件		1	2	3	4	5	6	7	8	9	10	11	12	13	14	15	16	
Ⅰ组	1																	
	2																	
	3																	
测面状态									回弹仪	型号								
测试角度										率定值								

测试：　　　　　记录：　　　　　计算：　　　　　复核：　　　　　测试日期：

课外作业

学习领域	道路工程试验与检测
学习情境	学习情境4：桥梁检测
任　务	任务4.1 回弹法对水泥混凝土强度检测

课外作业

问题：根据自己所学的回弹法对水泥混凝土强度检测的知识完善下面两张表。

工程名称：烟囱（外筒内壁）　　施工单位名称：××电力建设有限公司　　第1页　共2页

编号 构件(m)	测区	1	2	3	4	5	6	7	8	9	10	11	12	13	14	15	16	R_m	碳化深度(mm)
180.0~210.0	1	43	44	50	46	43	45	46	43	46	46	40	42	44	47	45	41		
	2	45	46	43	43	42	50	49	42	46	43	42	45	41	41	45	50		0
	3	46	46	44	42	49	43	40	41	48	48	44	44	40	52	45	50		
	4	40	42	42	41	33	47	41	44	40	45	41	44	30	44	42	42		
	5	41	48	46	49	52	48	44	41	41	48	46	45	43	43	41	48		
	6	41	44	41	30	45	28	38	40	38	37	39	44	45	40	40	40		
	7	40	42	39	46	40	39	40	44	40	41	48	43	40	44	43			
	8	39	48	46	38	47	40	40	39	52	44	39	44	42	33	41	43		
	9	42	40	40	48	40	42	46	42	42	42	46	41	40	39	43	42		
	10	43	40	46	46	51	46	44	43	39	43	44	37	42	38	40	36		

测面状态	√侧面、表面、底面、√风干、潮湿、√光洁、粗糙	回弹仪	型号	HT-225型	备注	混凝土设计强度为C35
			编号	0501		
测试角度 α(°)	√水平　　向上　　向下		率定值	80		

复核人：　　　测试人：　　　计算人：　　　测试日期：2005年11月20日

回弹法测试混凝土强度成果表

工程名称：烟囱（外筒内壁）		施工单位名称：××电力建设有限公司						第2页	共2页	
结构或构件名称：180.0～210.0m								报告子编号：XY2005HT012-7		

项目		测区号	1	2	3	4	5	6	7	8	9	10
回弹值 R_m	测区平均值											
	测试角度					水 平 测 实						
碳化深度值 d_m（mm）						碳化深度为 0 mm						
测区强度值 f_{cu}^c（MPa）												
强度计算（MPa）n=10					$mf_{cu}^c = 47.7$，$Sf_{cu}^c = 4.13$ $f_{cu,e} = mf_{cu}^c - 1.645Sf_{cu}^c = 40.9$							
强度评定值 $f_{cu,e}$（MPa）					强度最小值 $f_{cu,min}$（MPa）				混凝土设计强度为C35			
使用测区强度换算表名称		全国统一曲线 JGJ/T23—2001							龄期		/天	
备注						/						

技术负责人： 复核人： 计算人： 测试日期：2005年11月20日

参考答案

回弹法测区混凝土强度结果表

工程名称：烟囱（外筒内壁）　　施工单位名称：××电力建设有限公司　　第1页　共2页

编号		1	2	3	4	5	6	7	8	9	10	11	12	13	14	15	16	R_m	碳化深度（mm）
构件（m）	测区																		
180.0~210.0	1	43	44	50	46	43	45	46	43	46	46	40	42	44	47	45	41	44.5	0
	2	45	46	43	43	42	50	49	42	46	43	42	45	41	41	42	50	44.0	
	3	46	46	44	42	49	43	40	41	48	48	44	44	40	52	45	50	45.4	
	4	40	42	42	41	33	47	41	44	40	45	41	44	30	44	42	42	41.9	
	5	41	48	46	49	52	48	44	41	41	48	46	45	43	43	41	48	45.2	
	6	41	44	41	30	45	28	38	40	38	37	39	44	45	35	40	40	40.1	
	7	40	42	39	46	40	39	39	40	44	40	41	48	43	40	44	43	41.3	
	8	39	48	46	38	47	40	40	39	52	44	39	44	42	33	41	43	41.8	
	9	42	40	40	48	40	42	46	42	42	46	41	40	39	43	42	40	41.4	
	10	43	40	46	46	51	46	44	43	39	43	44	37	42	38	40	36	42.4	

测面状态	√侧面、表面、底面、√风干、潮湿、√光洁、粗糙	回弹仪	型号	HT-225型	备注	混凝土设计强度为C35
			编号	0501		
测试角度 α（°）	√水平　　向上　　向下		率定值	80		

复核人：　　　　测试人：　　　　计算人：　　　　测试日期：2005年11月20日

回弹法测试混凝土强度成果表

工程名称：烟囱（外筒内壁）　　施工单位名称：××电力建设有限公司　　第2页　共2页

结构或构件名称：180.0~210.0m　　报告子编号：XY2005HT012-7

项目		测区号	1	2	3	4	5	6	7	8	9	10
回弹值 R_m		测区平均值	44.5	44.0	45.4	41.9	45.2	40.1	41.3	41.8	41.4	42.4
		测试角度	水平测实									
碳化深度值 d_m（mm）			碳化深度为 0 mm									
测区强度值 f_{cu}^c（MPa）			51.5	50.4	53.6	45.7	53.2	41.8	44.3	45.4	44.5	46.7
强度计算（MPa）　n=10			$mf_{cu}^c = 47.7$，$Sf_{cu}^c = 4.13$ $f_{cu,e} = mf_{cu}^c - 1.645 Sf_{cu}^c = 40.9$									
强度评定值 $f_{cu,e}$（MPa）			40.9	117%	强度最小值 $f_{cu,min}$（MPa）			41.8		混凝土设计强度为C35		
使用测区强度换算表名称			全国统一曲线 JGJ/T23—2001						龄期		/ 天	
备　注			/									

技术负责人：　　复核人：　　计算人：　　测试日期：2005年11月20日

任务 4.2　地基承载力检测和钻孔灌注桩检测

学习目标：
了解地基承载力和钻孔灌注桩的各项检测。

教学设计

学习情境 4　桥梁检测		总学时	6
任务 4.2　桥梁地基承载力检测和钻孔灌注桩检测		学　时	2
分组情况	大组：5 组	每组（人）	8～9
	小组：10 组		4～5
教学目标	知识目标	1．了解桥梁地基检测的内容及地基承载力检测的方法； 2．了解钻（挖）孔桩检测的内容和检验项目；了解施工过程中各项目检测的基本方法；了解桩完整性检测的各种技术方法； 3．了解桥梁混凝土及预应力混凝土结构检测的内容、试验方法及评定方法	
	能力目标	1．具备独立学习、获取新知识的能力，有一定的逻辑思维能力、分析问题和解决问题的能力； 2．具备与人交往、团队协作的能力，养成科学严谨的态度	
学习内容	1．桥梁地基检测的内容及地基承载力检测的方法； 2．钻（挖）孔桩检测的内容和检验项目；了解施工过程中各项目检测的基本方法；了解桩完整性检测的各种技术方法； 3．桥梁混凝土及预应力混凝土结构检测的内容、试验方法及评定方法		
教学方法	案例教学法、项目教学法、小组讨论法、引导文法、实践操作法		
教学资源	1．欧阳志，《地基承载力检验和钻孔灌注桩检测》多媒体课件； 2．欧阳志，《地基承载力检验和钻孔灌注桩检测》任务工作单； 3．案例：一组试验检测数据的统计分析、处理和表达； 4．刘超群主编，《道路工程试验与检测》，西南交通大学出版社，2014.8（参考书）		
需导入的技术标准	《数值修约规则与极限数值的表示和判定》（GB/T 8170—2008）[S]．北京：中华人民共和国国家质量监督检验检疫总局、中国国家标准化管理委员会发布，2008． 《岩土工程勘察规范》GB 50021—2001，中华人民共和国住房和城乡建设部．		

续表

教学条件	一体化教室、计算器、可以上网查资料的电脑工作台、有关规范和规程	
	重点： 1．桥梁地基检测的内容及地基承载力检测的方法； 2．钻（挖）孔桩检测的内容和检验项目；了解施工过程中各项目检测的基本方法；了解桩完整性检测的各种技术方法	解决方案： 采用任务驱动的教学方法，给学生提供基础知识的认知引导和动手能力的训练，要求学生熟练掌握相关知识和能力
	难点： 桥梁混凝土及预应力混凝土结构检测的内容，试验方法及评定方法	
	学生应具备的知识能力与素质	学生应具备桥梁构造和桥梁施工的相关知识
	对教师的能力要求	1．课程相关的专业能力； 2．组织课堂的能力
教学组织实施	1．下发学习任务工作单：先期给学生下发学习任务工作单，学生利用课余时间，利用教材、网络、参考资料等预习相关内容。 2．讲授新课：桥梁地基检测的内容及地基承载力检测的方法；钻（挖）孔桩检测的内容和检验项目；施工过程中各项目检测的基本方法；桩完整性检测的各种技术方法。 3．项目准备：将全班学生以每组4~5人或8~9人进行分组，每组选出负责人1名。 4．下发任务：基础知识的认知，动手能力的训练。 5．制订计划：各小组负责人督促本组成员完成项目计划，并对小组成员进行任务分工。 6．项目实施：各小组长组织本小组同学讨论，确定计算办法；教师进行巡查，了解每小组的进度，督促各小组成员按计划积极参与任务的完成；各小组成员按分工的任务积极完成；教师对学生提出的问题进行指导，激发学生的学习动力；组长负责计算成果的汇总，并形成汇报材料。 7．项目展示：每个小组派一名代表对本组分析处理的过程、方法和结果进行相关说明，并接受其他组同学的提问。 8．项目评价：每个小组发放一份考核评价表，对除本组之外的其他组进行客观的评分。 9．教师点评：教师对每个小组的作品进行点评，充分肯定每个小组的成果，同时指出其存在的不足和需要改进的思路和方法，使学生能够真正有所提高，达到正确处理试验检测数据的能力。 10．项目完善：每组继续修改各自的试验数据，以进一步提高自身的操作水平	

学生学习任务工作单

学习领域	道路工程试验与检测		
学习情境	学习情境4 桥梁检测		
任 务	任务4.2 桥梁地基承载力检测和钻孔灌注桩检测		
班 级		姓 名	
学习小组		工作时间	

任务描述

通过本学习情境的学习，要求学生能够做到：

1. 了解桥梁地基检测的内容及地基承载力检测的方法；
2. 了解钻（挖）孔桩检测的内容和检验项目；了解施工过程中各项目检测的基本方法；了解桩完整性检测的各种技术方法；
3. 了解桥梁混凝土及预应力混凝土结构检测的内容、试验方法及评定方法。

引导文

【基础知识的认知】

1. 桥梁结构有哪些组成部分？

2. 桥梁基础的形式有哪些？

3. 地基土分成哪些种类？

4. 什么是钻（挖）孔灌注桩？它有什么样的特点？

5. 影响钻孔灌注桩成桩质量的因素有哪些？

【动手能力的训练】
1. 什么是标准贯入试验？如何根据标准贯入试验锤击数确定砂土地基承载力？

2. 地基破坏分为哪几个阶段？现场荷载试验需要什么设备？如何实施？

3. 钻孔灌注桩成孔时，泥浆起什么作用？泥浆的性能指标有哪些？如何检验？

4. 灌注桩完整性检验的方法及其特点有哪些？

5. 桥梁荷载试验如何进行加载？如何布置测点？

请结合自己的认识，说出对桥梁工程检测学习情境的其他说明，列写出你们小组提出的其他问题：

任务学习其他说明或建议：

指导教师评语：

任务完成人签字：　　　　　　　　　　　　　　　　日期：　年　月　日
指导教师签字：　　　　　　　　　　　　　　　　　日期：　年　月　日

（一）考核评价表

学习领域	道路工程试验与检测		学时：64学时		
学习情境4	桥梁检测		学时：6学时		
任务4.2	桥梁地基承载力检测 钻孔灌注桩检测		学时：2学时		
班　级		姓　名			
学习小组		工作时间			

	评价指标	分值	学生自评	组员互评	教师评价
自主学习	1．是否课前预习	5			
	2．主动学习，积极分析	5			
	3．查阅资料、获取信息	10			
职业素养	4．团队意识、协作精神及对小组的贡献	5			
	5．沟通及表达能力	5			
	6．爱护仪器设备、遵守操作规程	10			
知识掌握程度	7．回答问题的准确性	5			
	8．小组讨论发言的积极性	5			
	9．学生提问的深度、积极性	10			
	10．汇报完整、思路清晰	10			
实践能力	11．检测试验方法的正确性	10			
	12．检测试验数据资料的完整性	10			
	13．检测结果的评定	10			
	小计	100			

试验指导书及报告（一）

学习领域	道路工程试验与检测
学习情境	学习情境 4　桥梁检测
任　务	任务 4.2　桥梁地基承载力检测
班　级	姓　名

一、试验目的和适用范围

试验目的：现场荷载试验是向置于自然地基上的模型基础施加荷载，测量模型在不同荷载等级作用下的沉降量，根据荷载和沉降量的关系计算地基土的变形模量和评定地基承载力。

适用范围：浅部地基土层、深部地基土层及大直径桩桩端土层。

二、仪器设备

1. 试验采用压重平台反力系统；
2. 由液压千斤顶作为加载及反力系统；
3. 钢架；
4. 承压板。

三、实验原理及方法

通过地基载荷试验检测原土地基承载力特征值是否满足设计要求。

四、实验步骤

1. 浅层平板荷载试验

（1）在拟试验的土层上，人工开挖试坑至预定深度，试验基坑宽度不应小于承压板宽度或直径的 3 倍。在保持原状结构和天然湿度的试坑底，铺一层厚 20 mm 的中粗砂找平层。当试坑位于地下水位以下时，应先降水至坑底以下再开挖、铺砂垫层并布置试验装置，待水位恢复原样后进行试验。承压板面积不应小于 $0.25~m^2$，对于软土不应小于 $0.50~m^2$。

（2）应根据具体情况制订加载反力装置的设置方案，确保反力可靠，操作安全，孔内宜采用大量程百分表进行变形测量，百分表支点应固定在稳定土层内。

（3）加荷分级不应少于 8 级，最大加载量不应小于设计要求的两倍，加载要均匀并始终保持中心受压，应避免荷载瞬时施加。

（4）每级加载后，按间隔 10 min、10 min、10 min、15 min、15 min，以后为每隔半小时测读一次沉降量，当在连续两小时内，每小时的沉降量小于 0.1 mm 时，则认为已趋稳定，可加下一级荷载。

（5）当出现下列情况之一时，即可终止加载：

承压板周围的土明显地侧向挤出；沉降 s 急骤增大，荷载-沉降（p-s）曲线出现陡降段；在某一级荷载下，24 h 内沉降速率不能达到稳定；沉降量与承压板宽度或直径之比大于或等于 0.06。

（6）承载力特征值的确定

① $P\sim s$ 曲线上有比例界限时，取该比例界限所对应的荷载值；

② 当极限荷载小于对应比例界限的荷载值的 2 倍时，取极限荷载值的一半；

③ 当不能按上述两点确定时，当压板面积为 0.25～0.50 m²，可取 s/b=0.01～0.015 对应的荷载值，但其值不应大于最大加载量的一半。

（7）同一土层参加统计的试验点不应少于 3 点，当试验实测值的极差不超过其平均值的 30% 时，取此平均值作为该土层的地基承载力特征值 f_{ak}。

2. 深层平板荷载试验

（1）在拟试验的土层上，人工开挖试坑至预定深度，承压板采用直径为 0.8 m 的钢性板，紧靠承压板周围外侧的土层高度应不少于 80 cm。

（2）应根据具体情况制订加载反力装置的设置方案，确保反力可靠，操作安全，孔内宜采用大量程百分表进行变形测量，百分表支点应固定在稳定土层内。

（3）加荷等级可按预估极限承载力的 1/15～1/10 分级施加，加载要均匀并始终保持中心受压，应避免荷载瞬时施加。

（4）每级加载后，按间隔 10 min、10 min、10 min、15 min、15 min，以后为每隔半小时测读一次沉降量，当在连续两小时内，每小时的沉降量小于 0.1 mm 时，则认为已趋稳定，可加下一级荷载。

（5）当出现下列情况之一时，即可终止加载：

沉降 s 急骤增大，荷载-沉降（p-s）曲线上有可判定极限承载力的陡降段，且沉降量超过 0.04 d（d 为承压板直径）；在某一级荷载下，24 h 内沉降速率不能达到稳定；本级沉降量大于前一级沉降量的 5 倍；当持力层土层坚硬，沉降量很小时，最大加载量不小于设计要求的 2 倍。

（6）承载力特征值的确定

① p-s 曲线上有比例界限时，取该比例界限所对应的荷载值；

② 满足前 3 条终止加载条件之一时，其对应的前一级荷载定为极限荷载，当该值小于对应比例界限的荷载值的 2 倍时，取极限荷载值的一半；

③ 当不能按上述两点确定时，可取 s/d=0.01～0.015 所对应的荷载值，但其值不应大于最大加载量的一半。

（7）同一土层参加统计的试验点不应少于 3 点，当试验实测值的极差不超过其平均值的 30% 时，取此平均值作为该土层的地基承载力特征值 f_{ak}。

五、检测资料的整理

1. 分别计算每级荷载下沉降增量和沉降量。

2. 根据各级荷载和相应的总沉降量绘制 p-s 曲线图。

六、检测结果的判定

1. p-s 曲线上有比例界限时，取该比例界限所对应的荷载值；

2. 满足前 3 条终止加载条件之一时，其对应的前一级荷载定为极限荷载，当该值小于对应比例界限的荷载值的 2 倍时，取极限荷载值的一半；

3. 当不能按上述两点确定时，可取 s/d=0.01～0.015 所对应的荷载值，但其值不应大于最大加载量的一半。

4. 同一土层参加统计的试验点不应少于 3 点, 当试验实测值的极差不超过其平均值的 30% 时, 取此平均值作为该土层的地基承载力特征值 f_{ak}。

试验指导书及报告（二）

学习领域	道路工程试验与检测
学习情境	学习情境 4　桥梁检测
任　务	任务 4.2　钻孔灌注桩检测
班　级	姓　名

一、密度

密度：是指单位体积内泥浆的质量，单位 g/cm^3。施工常使用 1002 型泥浆比重计测量泥浆密度。

在测试泥浆密度前，先要对比重计进行校正，方法是：

（1）将泥浆比重计擦洗干净，置于平整的台面上；

（2）往比重计的泥浆杯中注满无气蒸馏水（现场可用洁净清水代替），盖紧杯盖，使多余的水从杯盖中心孔溢出，然后擦净仪器表面的水分；

（3）将比重计的主刀口轻轻地放到底座的主刀垫上；

（4）移动杠杆上的游码至刻度线 1.0 处，此时仪器杠杆上的水平气泡应处于中心位置，否则仪器失准，需要要调整。

（5）调整方法：增减杠杆标尺末端平衡圆柱内的金属颗粒，使水平气泡处于中间位置。

使用比重计检测泥浆密度的方法是：

（1）校准泥浆比重计；

（2）将待测泥浆装满泥浆杯，盖上杯盖，使多余的泥浆从杯盖中心孔排出；

（3）用手指压住杯盖中心孔，清洗仪器外表泥浆后，并擦净仪器表面水分；

（4）将比重计主刀口轻轻置于底座的主刀垫上；

（5）移动杠杆标尺上的游码，当水平气泡居于水平位置时，读出游码右侧的刻度值，即为泥浆密度。

二、泥浆黏度

黏度是液体内部阻碍其相对流动的一种特性，是液体中的液体分子和固相颗粒内摩擦的结果。计量单位：秒（s）。

测定泥浆黏度，常用 1006 型漏斗黏度计进行。具体的操作方法是：

（1）用水将黏度计的漏斗、筛网及 500/700 mL 量杯上下、内外冲洗干净后，用干毛巾擦干。500 mL 量杯置于漏斗出液管下面；

（2）将筛网装在漏斗顶部，用 1 L 量杯取 700 mL 拌制均匀的泥浆；

（3）左手食指堵住出液管。右手将 700 mL 泥浆倒入黏度计漏斗内，再拿起秒表，将秒表归零，同时松开左手指并启动秒表，当注满 500 mL 量杯时停止计时，记录下该测试时间 T 秒；

（4）计算泥浆黏度 η

$$\eta = K \cdot T$$

式中：η——泥浆黏度（s）；
　　　T——泥浆黏度测试值（s）；
　　　K——仪器校正系数。

（5）求仪器校正系数 K

黏度计在使用前和使用过程中，需要经常校验，求出仪器校正系数 K。标准黏度计的滤水秒数为 15 s，即 $K=1$。黏度计校验的方法是将 700 mL 清水倒进漏斗内，测量流出 500 mL 的时间，其步骤和测试泥浆一样。

如果滤水秒数大于 15 s，应检查出液管，并用布条进行清洗。黏度计滤水秒数在 (15 ± 1.0) s，仪器可以使用；超过此范围，仪器就不能使用了。校正系数 K 计算公式如下：

$$K = E/T = 水的标准黏度/实测水的黏度 = 15/实测水的黏度$$

测定天然黏土浆，一般使用 1006 型漏斗黏度计；测定膨润土浆黏度，需要使用美国石油协会（API）规定的马氏漏斗。马氏漏斗测试黏度的方法和步骤与使用 1006 泥浆黏度计相同，只是马氏漏斗是向漏斗内加入 1 500 mL 浆，测定流出 946 mL 浆的时间（s）。用清水校核马氏漏斗，求其校正系数 K 时，其标准黏度为 (26 ± 0.5) s。

三、含砂量

含砂量指泥浆中不能通过 200 目筛网的砂子占泥浆体积的百分数。

测定泥浆的含砂量，常用 1004 型泥浆含砂量仪（见图 4.2）进行，也有使用 ZNH 泥浆含砂量测定仪或含砂量杯进行检测的。1004 型泥浆含砂量仪的具体操作方法如下：

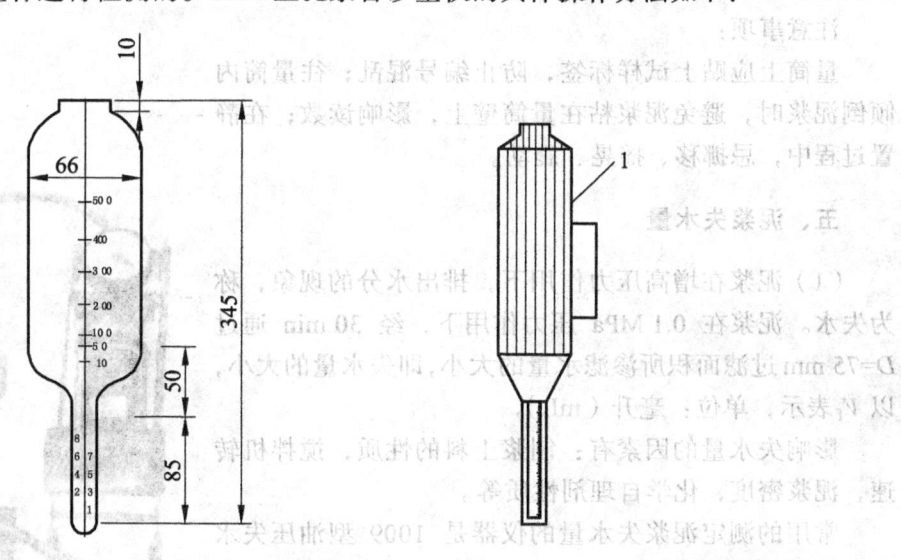

图 4.2

（1）用 50 mL 量杯取 50 mL 泥浆，连同 450 mL 清水共同注入含砂量仪圆筒内，盖上盖子，充分摇晃后，挂在支架上，垂直静置 1 min；

（2）从仪器下部沉淀管玻璃刻度线上读取砂子的体积数，乘以2，用百分数表示出来，即为泥浆的沉淀物含量。

（3）注意：测试时应先加清水，再加泥浆。如在读数时，不好判定砂子和水的接口，可适当倾斜仪器，使沉淀物表面显露出来。

（4）在做好沉淀物含量试验基础上，向仪器内加入清水再进行振荡，并吸出浑水，重复做几次，直至仪器内水较清为止。把仪器内的水吸出，取出沉淀物，放进玻璃杯内，用带皮头的研磨棒研磨沉淀物，促使未分散的小土块分散于水中，把浑水倒出，加清水再进行研磨。这样反复几次，直至研磨不出现浑水，杯中都是纯净的砂子为止。这时，再将经研磨过的砂子仔细地全部放进仪器内，加满清水，垂直静置 1 min，读出砂粒在沉淀管内的体积数，再乘以 2，用百分数表示之，即为泥浆的含砂量。

（5）目前，在施工现场一般都以沉淀物含量代替了含砂量，这样测得的资料准确性差，数值偏大，应予以纠正。在鉴定黏土或膨润土质量、混凝土浇筑前的清孔验收，应比较准确地测定泥浆的含砂量，以指导我们对黏土或膨润土质量好坏进行判定，对槽底沉淀物多少进行估算。

四、胶体率

胶体率是对泥浆中黏土颗粒分散和水化程度以及保持悬浮状态的粗略衡量值。

测量胶体率具体操作方法：

将 100 mL 玻璃量筒洗净，擦干后，置于平整的台面上；向玻璃量筒内加入已拌制好的泥浆 100 mL，并在筒口盖上 5 cm×5 cm 玻璃片。若需测定加碱泥浆的胶体率，应先在其他容器内按比例加碱并拌匀后，再加入玻璃量筒，记录装料时间。静置 24 h 后，玻璃量筒内的泥浆会分为两层：上部为清水，下部为泥浆。读出下部泥浆与上部水分接口的刻度读数，并以百分数表示，即为该泥浆试样的胶体率。

注意事项：

量筒上应贴上试样标签，防止编号混乱；往量筒内倾倒泥浆时，避免泥浆粘在量筒壁上，影响读数；在静置过程中，忌挪移、摇晃、震动。

五、泥浆失水量

（1）泥浆在增高压力作用下，排出水分的现象，称为失水。泥浆在 0.1 MPa 压力作用下，经 30 min 通过 $D=75$ mm 过滤面积所渗滤水量的大小，即失水量的大小，以 V_f 表示，单位：毫升（mL）。

影响失水量的因素有：制浆土料的性质，搅拌机转速，泥浆密度，化学自理剂性质等。

常用的测定泥浆失水量的仪器是 1009 型油压失水量测定仪，见图 4.3。

（2）试验步骤。

①拆开仪器，在滤板上装上两张湿润的滤纸，装好

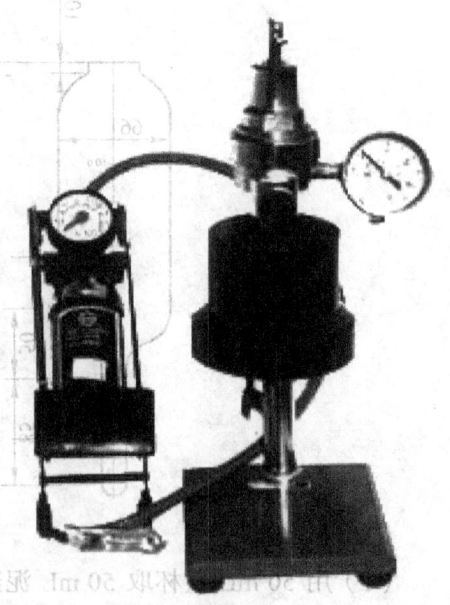

图 4.3

泥浆罐，拧紧，放在支架上；

② 向泥浆罐中加入约 120 mL 拌制好的泥浆，装上柱塞，拧紧放油螺丝钉，将机油注入柱塞套筒内，使油面距套管顶部约 1 cm；

③ 将压重钟套在柱塞上，逆时针方向旋转放油螺钉，使锤上的标尺"0"位与柱塞上的刻度线对齐，再拧紧放油螺钉；

④ 松开顶杆，立即开始计时，计时至 30 min 时，刻度标尺上的读数即为失水量读数（mL）。也可将 7.5 min 时的读数乘以 2 作为 30 min 的失水量值。

六、泥皮厚度

（1）在泥浆失水过程中，由于黏土的不同颗粒和胶粒颗粒互相重叠，互相堵塞，形成了一层泥皮。其厚度称为泥皮厚度，单位：毫米（mm）。

（2）试验步骤。

① 在失水量试验后，从滤板上将滤纸和滤纸上的泥皮一同取下。保留的泥皮用细水、慢流小心洗涤。注意防止冲坏泥皮。

② 把泥皮放在玻璃板上，连同滤纸撕成两块，用钢板尺或带深度的游标卡尺，测定新鲜裂口之厚度，减去滤纸厚度，即为泥皮厚度。

③ 测量数次，精度达 0.5 mm，记载测定资料，取其算术平均值。

七、泥浆稳定性试验

（1）浆体中固体颗粒保持悬浮状态的性能，称为泥浆的稳定性。泥浆稳定性是泥浆的基本性能指标，施工中如果不能保持泥浆的稳定性就无法使用。

（2）浆体置于稳定仪或 300~500 mL 量杯内，静置 24 h 后，浆体上、下部密度之差为稳定性数值，单位 g/cm^3。

（3）试验步骤。

① 将拌制好的泥浆加入到 300~500 mL 量杯内，盖好盖，静置 24 h；试样：2~3 个。

② 用吸液管吸去表面清水。用移液管取出上部浆液，测定其密度，然后倒出下部浆体，测定其密度。

③ 二次平行试验，误差不超过 0.03 g/cm^3，否则作第三次。若发现上部密度大于下部密度，应返工重新试验。

④ 成果计算：下部浆体密度—上部浆体密度。

八、pH 值

（1）泥浆的酸碱度对泥浆性能、水敏地层的稳定、泥浆处理剂的应用都有重要影响。一般要求泥浆的 pH 值为 8~10，泥浆呈碱性，用以增强黏粒的水化能力。

（2）pH 值万能试纸测定法：

① 用吸管吸取失水量试验保留下来的渗滤水，置于乳白色玻璃板上。

② 撕一条 pH 值万能试纸，移入渗滤水中湿润，迅速取出与标准色调进行比较；选择相似的色调，记录 pH 值。

课外作业

学习领域	道路工程试验与检测
学习情境	学习情境 4　桥梁检测
任务 4.2	桥梁地基承载力检测和钻孔灌注桩检测

课外作业

1. 什么是标准贯入试验？如何根据标准贯入试验锤击数确定砂土地基承载力？

2. 地基破坏分为哪几个阶段？现场荷载试验需要什么设备？

3. 钻孔灌注桩成孔时，泥浆起什么作用？泥浆的性能指标有哪些？

4. 灌注桩完整性检验的方法有哪些？

参考答案

1. 什么是标准贯入试验？如何根据标准贯入试验锤击数确定砂土地基承载力？

答：标准贯入试验（SPT）是采用质量为 63.5 kg 的穿心锤，以 76 cm 的落距，将一定规格的标准贯入器先打入土中 15 cm，然后开始记录标准贯入器再打入土中 30 cm 的锤击数，并以此作为标准贯入试验指标 N。通过对大量标准贯入试验累积资料的分析，可以得到砂土和黏性土的一些物理性质（如黏性土的状态和土的内摩擦角 φ 等）和标准贯入试验锤击数的经验关系，然后再根据参考表得出相应的砂土地基承载力。

2. 地基破坏分为哪几个阶段？现场荷载试验需要什么设备？

答：地基变形分为 3 个阶段（见图 4.4）。

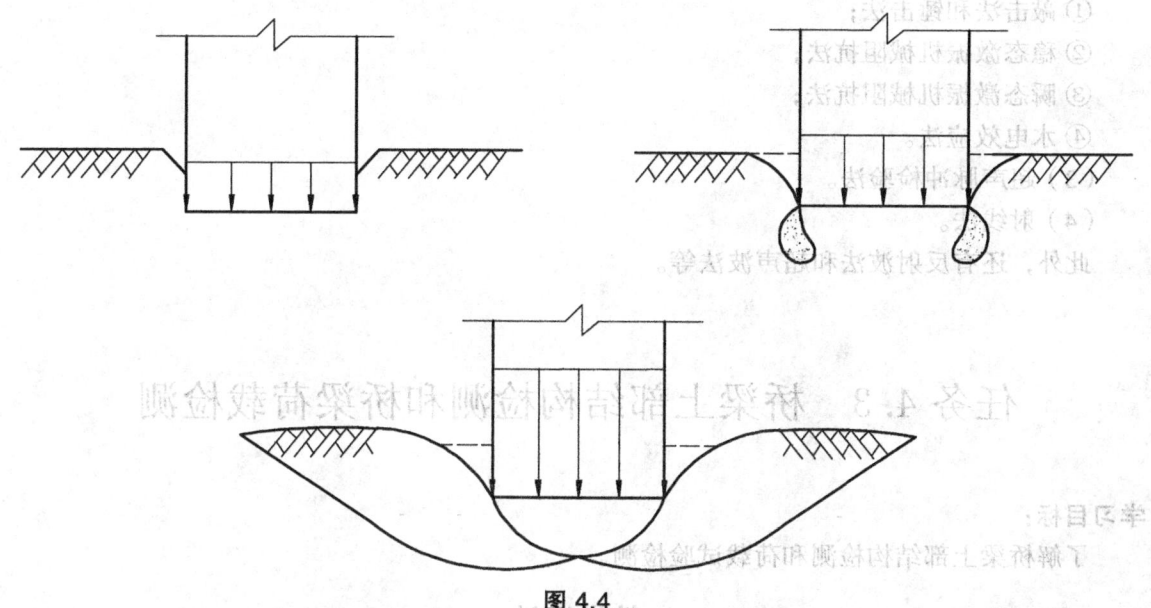

图 4.4

（1）压密阶段（直线变形阶段）。相当于 p-s 曲线上的 oa 段，p-s 曲线接近于直线，土中各点的剪应力均小于土的抗剪强度，土体处于弹性平衡状态。这一阶段荷载板的沉降主要是由于土中孔隙的减少引起的，土颗粒主要是竖向变位，且随时间渐趋稳定而土体被压密。

（2）局部剪切阶段。a 点后 p-s 曲线不再呈直线关系（ak 段），地基中已有局部区域（称为塑性变形区）的剪应力达到土的抗剪强度，首先在基础边缘处出现。随着荷载的持续增加，地基土中塑性区的范围也逐渐扩大，直到出现连续的滑动面，这一阶段是地基中塑性区的发生及发展阶段，基础沉降有较大的增加。

（3）破坏阶段。k 点以后，塑性变形区已经扩大到形成一个连续的剪裂面，促使地基土向基础四周挤出，地面隆起，基础急剧沉陷以致全丧失稳定性。

试验时将一块刚性的方形或圆形承压板（根据土层的软硬程度不同，承压板的面积为 2 500 ~ 10 000 cm^2。目前工程上常用的是 50 cm×50 cm 或 70.7 cm×70.7 cm 的方板，置于欲测定的地基表面。在承压板上分级施加荷载，测定承压板变形稳定的沉降量，绘制荷载强度 p 与沉降量 s 的关系线，然后确定地基容许承载力。

3. 钻孔灌注桩成孔时，泥浆起什么作用？泥浆的性能指标有哪些？

答：钻孔灌注桩成孔时，泥浆起到支撑和保护孔壁、防止坍孔的作用。泥浆的性能指标有：① 相对密度 γ_x；② 黏度 η；③ 含砂率（%）；④ 胶体率（%）；⑤ 失水量（mL/30min）和泥皮厚（mm）。

4. 灌注桩完整性检验的方法有哪些？

答：灌注桩成桩质量通常存在两方面问题：一是属于桩身完整性，常见的缺陷有夹泥、断裂、缩径、扩径、混凝土离析及桩顶混凝土密实性较差等；二是嵌岩桩，影响桩底支承条件的质量问题，主要是灌注混凝土前清孔不彻底，孔底沉淀厚度超过规定极限，影响承载能力。

目前，常用的钻孔灌注桩质量检测方法有以下几种：

（1）钻芯检验法。

（2）振动检验法。

① 敲击法和锤击法；
② 稳态激振机械阻抗法；
③ 瞬态激振机械阻抗法；
④ 水电效应法。
（3）超声脉冲检验法。
（4）射线法。

此外，还有反射波法和超声波法等。

任务4.3　桥梁上部结构检测和桥梁荷载检测

学习目标：

了解桥梁上部结构检测和荷载试验检测。

教学设计

学习情境4	桥梁检测		总学时	6
任务4.3	桥梁上部结构检测和桥梁荷载检测		学　时	2
分组情况	大组：5 组		每组（人）	8-9
	小组：10 组			4-5
教学目标	知识目标	1．了解桥梁支座及伸缩装置的基本特性，技术要求和检测方法； 2．了解桥梁荷载试验的基本方法——静载试验和动载试验		
	能力目标	1．具备独立学习、获取新知识的能力，有一定的逻辑思维能力、分析问题和解决问题的能力； 2．具备与人交往、团队协作的能力，养成科学严谨的态度		
学习内容	1．桥梁支座及伸缩装置的基本特性，技术要求和检测方法； 2．桥梁荷载试验的基本方法——静载试验和动载试验			
教学方法	案例教学法、项目教学法、小组讨论法、引导文法、实践操作法			
教学资源	1．欧阳志，《桥梁上部结构检测和桥梁荷载试验》多媒体课件； 2．欧阳志，《桥梁上部结构检测和桥梁荷载试验》任务工作单； 3．案例：一组试验检测数据的统计分析、处理和表达； 4．刘超群主编，道路工程试验与检测，西南交通大学出版社，2010.1（参考书）			

续表

需导入的技术标准	《数值修约规则与极限数值的表示和判定》（GB/T 8170—2008）[S]. 北京：中华人民共和国国家质量监督检验检疫总局中国国家标准化管理委员会发布，2008. 《公路桥梁承载能力检测评定规程》（JTGT J21—2011）中华人民共和国交通部
教学条件	一体化教室、计算器、可以上网查资料的电脑工作台、有关规范和规程

重点： 1．桥梁支座及伸缩装置的基本特性，技术要求和检测方法； 2．桥梁荷载试验的基本方法——静载试验和动载试验	解决方案： 采用任务驱动的教学方法，给学生提供基础知识的认知引导和动手能力的训练，要求学生熟练掌握相关知识和能力
学生应具备的知识能力与素质	学生应具桥梁结构认知和桥梁施工的相关知识
对教师的能力要求	1．课程相关的专业能力； 2．组织课堂的能力； 3．项目任务设计能力、项目组织经验、生产组织能力、协调与沟通能力等方法能力和社会能力
教学组织实施	1．下发学习任务工作单：先期给学生下发学习任务工作单，学生利用课余时间，利用教材、网络、参考资料等预习相关内容。 2．讲授新课：桥梁支座及伸缩装置的基本特性，技术要求和检测方法；桥梁荷载试验的基本方法——静载试验和动载试验。 3．项目准备：将全班学生以每组4-5人或8-9人进行分组，每组选出负责人1名。 4．下发任务：基础知识的认知项目，动手能力的训练项目。 5．制订计划：各小组负责人督促本组成员完成项目计划，并对小组成员进行任务分工。 6．项目实施：各小组长组织本小组同学讨论，确定计算办法；教师进行巡查，了解每小组的进度，督促各小组成员按计划积极参与任务的完成；各小组成员按分工的任务积极完成；教师对学生提出的问题进行指导，激发学生的学习动力；组长负责计算成果的汇总，并形成汇报材料。 7．项目展示：每个小组派一名代表上台对本组分析处理的过程、方法和结果进行相关说明，并接受其他组同学的提问。 8．项目评价：每个小组发放一份考核评价表，对除本组之外的其他组进行客观的评分。 9．教师点评：教师对每个小组的作品进行点评，充分肯定每个小组的成果，同时指出其存在的不足和需要改进的思路和方法，使学生能够真正有所提高，达到正确处理试验检测数据的能力。 10．项目完善：每组继续修改各自的试验数据，以进一步提高自身的操作水平

学生学习任务工作单

学习领域	道路工程试验与检测	
学习情境	学习情境4 桥梁检测	
任　务	任务4.3 桥梁上部结构检测和桥梁荷载检测	
班　级		姓　名
学习小组		工作时间

任务描述

通过本学习情境的学习,要求学生能够做到:

1. 了解桥梁支座及伸缩装置的基本特性、技术要求和检测方法。
2. 了解桥梁荷载试验的基本方法——静载试验和动载试验。

引导文

【基础知识的认知】

1. 桥梁结构有哪些组成部分?

2. 桥梁支座的形式、特点和作用是什么?

3. 桥梁伸缩装置的形式、特点和作用是什么?

4. 桥梁结构在荷载作用下所产生的变形有哪些？

【动手能力的训练】
1. 钻孔灌注桩成孔时，泥浆起什么作用？泥浆的性能指标有哪些？如何检验？

2. 灌注桩完整性检验的方法及其特点有哪些？

3. 板式橡胶支座质量检验有哪几个控制环节？

4. 桥梁橡胶伸缩缝装置按结构形式划分为哪几类？

5. 桥梁荷载试验的目的及静、动载试验的主要测试内容是什么？

6. 桥梁荷载试验如何进行加载？如何布置测点？

请结合自己的认识，说出对桥梁工程检测学习情境的其他说明，列写出你们小组提出的其他问题：

任务学习其他说明或建议：

指导教师评语：

任务完成人签字： 日期： 年 月 日
指导教师签字： 日期： 年 月 日

考核评价表

学习领域	道路工程试验与检测		学时：64学时		
学习情境4	桥梁检测		学时：6学时		
任务4.3	桥梁上部结构检测 桥梁荷载试验		学时：2学时		
班　级		姓　名			
学习小组		工作时间			
	评价指标	分值	学生自评	组员互评	教师评价
自主学习	1．是否课前预习	5			
	2．主动学习，积极分析	5			
	3．查阅资料、获取信息	10			
职业素养	4．团队意识、协作精神及对小组的贡献	5			
	5．沟通及表达能力	5			
	6．爱护仪器设备、遵守操作规程	10			
知识掌握程度	7．回答问题的准确性	5			
	8．小组讨论发言的积极性	5			
	9．学生提问的深度、积极性	10			
	10．汇报完整、思路清晰	10			
实践能力	11．检测试验方法的正确性	10			
	12．检测试验数据资料的完整性	10			
	13．检测结果的评定	10			
	小计	100			

试验指导书及报告

学习领域	道路工程试验与检测
学习情境	学习情境4 桥梁检测
任 务	任务4.3 桥梁上部结构检测 桥梁荷载试验
班 级	姓 名

一、试验目的和适用范围

1. 掌握结构的实际工作状况，判断桥梁的实际承载能力。
2. 掌握桥梁结构的动力性能。
3. 通过静动载试验和理论分析，对桥梁的使用承载力及工作状况作出综合评价，给出桥梁使用荷载等级。
4. 静动载试验结果可为今后桥梁维护及评估提供原始数据。

二、仪器设备

试验时需具有试验台座、加力架、千斤顶、油泵、标准油压表或压力传感器等加力设备和计量仪器、放大镜。

三、实验原理及方法

静载试验是通过在桥梁结构上施加与设计荷载或使用荷载基本相当的外载，采用分级加载的方法，利用检测仪器测试桥梁结构的控制部位与控制截面在各级试验荷载作用下的挠度、应力、裂缝、横向分布系数等特性的变化，将测试结果与结构相应荷载作用下的计算值与有关规范规定值作比较，从而评定出桥梁结构的承载能力。通过校验系数来说明结构潜在的承载力，相对残余变形反映了结构的工作状态。

四、试验步骤

（一）试验梁安装及试验前准备

1. 梁两端支座的相对高差应不大于 10 mm，同一支座两侧或同一端两支座高差不大于 2 mm；箱梁 4 支点不平整度不大于 2 mm。支座安装后的实测梁跨度应符合标准要求。
2. 试验梁移入台座对中后，在梁顶标出腹板中心线作为梁体的加载中心线，并在每一加载点铺设垫层及钢座板。钢座板用水平尺找平后，移入千斤顶。
3. 各千斤顶中心与梁顶加载中心线纵、横向位置偏差均应不大于 10 mm。
4. 各千斤顶中心与加力架横梁中心纵、横向偏差均应不大于 10 mm，且应垫实两者之间的空隙。
5. 加载前用 10 倍放大镜在梁体跨中两侧 1/2 跨度范围内的下缘和梁底面进行外观检查，对初始裂缝（表面收缩裂缝和表面损伤裂缝）及局部缺陷用蓝色铅笔详细描出。
6. 梁体挠度测量部位应在跨中及支座中心两侧，测量挠度的支架应牢固、稳定，且不应受加载时试验台座变形的影响。

（二）试验荷载的加载分级与控制

为了获取结构试验荷载与变位的相关曲线以及防止结构意外损伤，对主要控制截面试验荷载的施加应分级进行，对于附加控制截面一般只设置最大内力加载程序加载。

加载级数应根据荷载量和加载最小荷载增量而定。试验荷载应按控制截面最大内力或位移分成 4~5 级施加。受条件所限时，至少也应分成 3 级施加。

荷载试验应选择温度较为稳定的时间段进行，加载试验时间一般以晚 10 时至晨 6 时为宜。

（三）测点的布设

静载试验的基本观测内容如下：

（1）结构的最大挠度和扭转变位，包括桥梁上、下游两侧的挠度差及水平位移等。

（2）结构控制截面最大应力（或应变），包括混凝土表面应力和最外缘钢筋应力等。

（3）支点沉降、墩台位移与转角，活动支座的变位等。

（四）数据处理

校验系数 ζ 是评定结构工作状况，确定桥梁承载能力的一个重要指标。

对加载试验的主要测点（即控制测点或加载试验效率最大部位测点）可按下式计算校验系数 ζ：

$$\zeta = \frac{S_e}{S_s}$$

课外作业

学习领域	道路工程试验与检测
学习情境	学习情境 4　桥梁检测
任　务	任务 4.3　桥梁上部结构检测和桥梁荷载试验

课外作业

1. 板式橡胶支座质量检验有哪几个控制环节？

2. 桥梁橡胶伸缩缝装置按结构形式划分为哪几类？

3. 简述桥梁荷载试验的目的及静、动载试验的主要测试内容。

参考答案

1. 板式橡胶支座质量检验有哪几个控制环节？

答：桥梁橡胶支座检验有型式检验、出厂检验和使用前抽检 3 种质量控制环节。型式检验是指厂家在投产、胶料配方改变、工艺和结构形式改变及正常生产中质检部门或国家监督机构的定期检测。出厂检验必须由厂家质量管理部门进行检验，确认合格后才可出厂，供货时必须附有产品质量合格证。而桥涵工程使用前抽检是指针对具体支座的设计要求，以行业标准为依据，进行常规性检验、支座成品解剖检验和外观、几何尺寸检验等。

2. 桥梁橡胶伸缩缝装置按结构形式划分为哪几类？

答：桥梁橡胶伸缩装置的主要作用是满足桥梁上部结构变形的需要，并保证车辆通过桥面时平稳。桥梁橡胶伸缩装置按照伸缩体结构不同可划分为 4 类。

（1）纯橡胶式伸缩装置。
（2）板式伸缩装置。
（4）模数式伸缩装置。
（3）组合式伸缩装置。

3. 简述桥梁荷载试验的目的及静、动载试验的主要测试内容。

答：桥梁结构载荷在作用下所产生的变形可以分为两大类：一类变形能反映结构的整体工作状态，如梁的挠度、转角、支座位移等，称为整体变形；另一类型能反映结构的局部工作状态，如纤维变形、裂缝、钢筋的滑动等，称为局部变形。

测定挠度，可以了解结构的刚度并分析结构的弹性和非弹性性质。挠度的不正常发展还能说明结构中的局部现象；测定转角可以用来分析超静定结构；控制断面的最大应变和应变沿断面的分布规律是我们推断结构极限强度的重要指标。

桥梁结构动载试验的基本任务是：测定动荷载的动力特性，即引起结构产生振动的作用力的数值、方向、频率和作用规律；测定结构的动力特性，即结构或构件的自振频率、阻尼特性及固有振型；测定结构在动荷载作用下的强迫振动响应，如振幅、动应力、冲击系数及疲劳性能等。

桥梁荷载试验分静载试验和动载试验，进行桥梁荷载试验的目的是检验桥梁整体受力性能和承载力是否符合设计要求；对于新桥型及桥梁中运用新材料、新工艺的应验证计算图式，为完善结构分析理论积累资料；对于旧桥通过荷载试验可以评定其运营荷载等级。

学习情境 5　隧道检测

任务 5.1　喷射混凝土质量检测和锚杆检测

学习目标：
了解喷射混凝土质量和锚杆检测方法。

教学设计

学习情境 5　隧道检测			总学时	4
任务 5.1　隧道施工质量检测和锚杆检测			学　时	2
分组情况		大组：5 组	每组（人）	8~9
		小组：10 组		4~5
教学目标	知识目标	1. 了解喷射混凝土质量检测的内容及测试方法； 2. 了解锚杆拉拔力检测的内容及测试方法		
	能力目标	1. 具备独立学习、获取新知识的能力，有一定的逻辑思维能力、分析问题和解决问题的能力； 2. 具备与人交往、团队协作的能力，养成科学严谨的态度		
学习内容	1. 喷射混凝土质量检测的内容及测试方法； 2. 锚杆拉拔力检测的内容及测试方法			
教学方法	案例教学法、项目教学法、小组讨论法、引导文法、实践操作法			
教学资源	1. 欧阳志，《喷射混凝土检测和锚杆检测》多媒体课件； 2. 欧阳志，《喷射混凝土检测和锚杆检测》任务工作单； 3. 案例：一组试验检测数据的统计分析、处理和表达； 4. 刘超群主编，《道路工程试验与检测》，西南交通大学出版社，2014.8（参考书）			

续表

需导入的技术标准	《数值修约规则与极限数值的表示和判定》（GB/T 8170—2008）[S]. 北京：中华人民共和国国家质量监督检验检疫总局、中国国家标准化管理委员会发布，2008. 《锚杆喷射混凝土支护技术规范》（GB 50086—2001）中华人民共和国住房和城乡建设部 《公路隧道施工技术规范》（JTG F60—2009）中华人民共和国交通运输部.
教学条件	一体化教室、计算器、可以上网查资料的电脑工作台、有关规范和规程
重点： 1. 喷射混凝土质量检测的内容及测试方法； 2. 锚杆拉拔力检测的内容及测试方法	解决方案： 采用任务驱动的教学方法，给学生提供基础知识的认知引导和动手能力的训练，要求学生熟练掌握相关知识和能力
学生应具备的知识能力与素质	学生应具备概率与数理统计的相关知识
对教师的能力要求	1. 课程相关的专业能力； 2. 组织课堂的能力； 3. 项目任务设计能力、项目组织经验、生产组织能力、协调与沟通能力等方法能力和社会能力
教学组织实施	1. 下发学习任务工作单：先期给学生下发学习任务工作单，学生利用课余时间，利用教材、网络、参考资料等预习相关内容。 2. 讲授新课：喷射混凝土质量检测的内容及测试方法；锚杆拉拔力检测的内容及测试方法。 3. 项目准备：将全班学生以每组4～5人或8～9人进行分组，每组选出负责人1名。 4. 下发任务：基础知识的认知项目，动手能力的训练项目。 5. 制订计划：各小组负责人督促本组成员完成项目计划，并对小组成员进行任务分工。 6. 项目实施：各小组长组织本小组同学讨论，确定计算办法；教师进行巡查，了解每小组的进度，督促各小组成员按计划积极参与任务的完成；各小组成员按分工的任务积极完成；教师对学生提出的问题进行指导，激发学生的学习动力；组长负责计算成果的汇总，并形成汇报材料。 7. 项目展示：每个小组派一名代表对本组分析处理的过程、方法和结果进行相关说明，并接受其他组同学的提问。 8. 项目评价：每个小组发放一份考核评价表，对除本组之外的其他组进行客观的评分。 9. 教师点评：教师对每个小组的作品进行点评，充分肯定每个小组的成果，同时指出其存在的不足和需要改进的思路和方法，使学生能够真正有所提高，达到正确处理试验检测数据的能力。 10. 项目完善：每组继续修改各自的试验数据，以进一步提高自身的操作水平

学生学习任务工作单

学习领域	道路工程试验与检测		
学习情境	学习情境 5　隧道检测		
任　务	任务 5.1　隧道施工质量检测和锚杆检测		
班　级		姓　名	
学习小组		工作时间	

任务描述

通过本学习情境的学习，要求学生能够做到：
1. 了解喷射混凝土质量检测的内容及测试方法；
2. 了解锚杆拉拔力检测的内容及测试方法。

引导文

【基础知识的认知】

1. 隧道结构有哪些组成部分？

2. 隧道支护的形式有哪些？

3. 隧道衬砌的形式有哪些？

4. 隧道支护和衬砌的材料有哪些？

【动手能力的训练】

1. 简述公路隧道检测的内容。

2. 检验喷射混凝土质量的主要指标有哪些?

3. 简述喷射混凝土强度的检测内容及测试方法。

4. 简述喷射混凝土厚度的检查方法。

5. 简述锚杆拉拔力检测时的注意事项。

请结合自己的认识，说出对桥梁工程检测学习情境的其他说明，列写出你们小组提出的其他问题：

任务学习其他说明或建议：

指导教师评语：

任务完成人签字：　　　　　　　　　　　　　　　　日期：　　年　　月　　日
指导教师签字：　　　　　　　　　　　　　　　　　日期：　　年　　月　　日

考核评价表

学习领域	道路工程试验与检测		学时：64学时		
学习情境5	隧道检测		学时：4学时		
任务5.1	隧道施工质量检测 锚杆检测		学时：2学时		
班级		姓名			
学习小组		工作时间			

	评价指标	分值	学生自评	组员互评	教师评价
自主学习	1．是否课前预习	5			
	2．主动学习，积极分析	5			
	3．查阅资料、获取信息	10			
职业素养	4．团队意识、协作精神及对小组的贡献	5			
	5．沟通及表达能力	5			
	6．爱护仪器设备、遵守操作规程	10			
知识掌握程度	7．回答问题的准确性	5			
	8．小组讨论发言的积极性	5			
	9．学生提问的深度、积极性	10			
	10．汇报完整、思路清晰	10			
实践能力	11．检测试验方法的正确性	10			
	12．检测试验数据资料的完整性	10			
	13．检测结果的评定	10			
	小计	100			

试验指导书及报告

学习领域	道路工程试验与检测
学习情境	学习情境5：隧道检测
任 务	任务5.1 喷射混凝土检测和锚杆检测
班 级	姓 名

一、试验目的和适用范围

锚杆拉拔力试验的目的是判定巷道围岩的可锚性，评价锚杆、树脂、围岩锚固系统的性能和锚杆的锚固力。试验必须在现场进行，使用的材料和设备与巷道正常支护相同。

二、仪器设备

试验的工具与设备主要有：
（1）锚杆拉力计（量程＞200 kN、分辨率≤1.0 kN）
（2）钻孔机具。

三、准备工作

1. 地点的选择

试验地点应尽量靠近掘进工作面，围岩较平整，未发生脱落、片帮等现象。试验锚杆应避开钢带（钢筋梯）安装，距邻近锚杆不小于300 mm。

2. 锚杆、锚固剂

试验用锚杆的表面应无锈、油、漆或其他污染物。树脂锚固剂按设计选用。

3. 钻孔

用锚杆钻机在选择的地点钻孔。试验前测量钻孔直径、锚杆直径、树脂直径。

4. 锚杆安装

（1）将树脂锚固剂放入孔中，用锚杆将其慢慢推到孔底；
（2）用锚杆钻机将锚杆边旋转边推进到孔底，然后再旋转5~10 s停止；
（3）等待30 s后，退下锚杆钻机；
（4）做好标记，以备试验。

四、拉拔试验实验步骤：

拉拔试验在锚杆安装后0.5~4.0 h进行。时间过短影响锚固剂固化后的强度，时间过长则因巷道围岩发生变形影响测量结果。

按图5.1所示安设仪器，确保锚杆拉力计油缸的中心线与锚杆轴线重合。试验前，检查手动泵的油量和各连接部位是否牢固，确认无误后再进行试验。试验由两人完成，一人加载，一人记录。试验时应缓慢均匀地操作手动泵压杆。当锚杆出现明显位移时，停止加压，记录锚杆拉力计此时的读数，即为拉拔试验值。

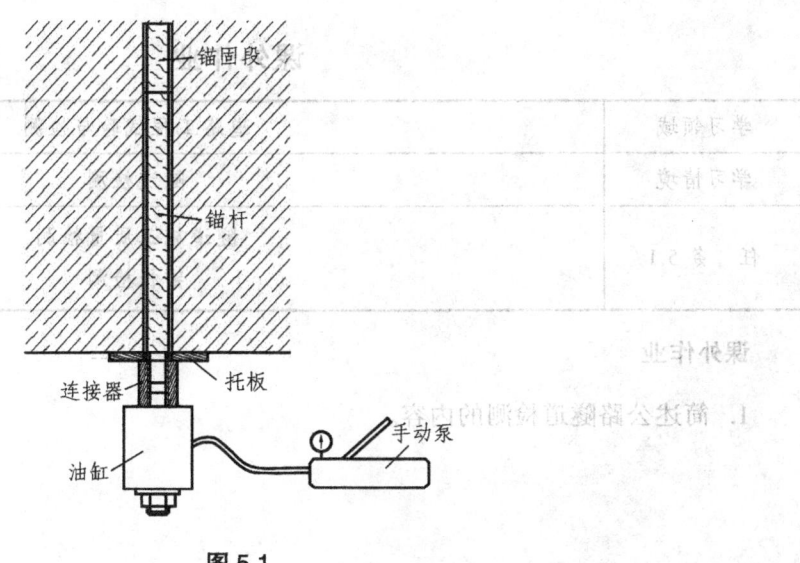

图 5.1

五、试验结果整理及记录

锚杆拉拔力试验记录表　　　　　巷道名称：

锚杆序号	时间	锚杆长度（mm）	锚杆直径（mm）	孔径（mm）	锚固长度（mm）	锚固剂直径（mm）	拉拔力（kN）	备注

试验人：　　　　　　　　　　　　　　　　记录人：

　　　　　　　　　　　　　　　　　　　　　　　　年　　月　　日

六、注意事项

1. 锚杆拉拔计在试验过程中应固定牢靠。
2. 锚杆拉拔时应缓慢地逐级均匀加载，直到锚杆滑动或杆体破坏为止，并作详细记录。
3. 拉拔锚杆时，拉拔装置下方和两侧不得站人。
4. 拉拔时设专人监视顶板，以保证操作人员安全。
5. 测试锚杆按规定比例测试，选择好测试点，不能做破坏性试验。

课外作业

学习领域	道路工程试验与检测
学习情境	隧道检测
任 务 5.1	隧道施工质量检测 锚杆检测

课外作业

1. 简述公路隧道检测的内容。

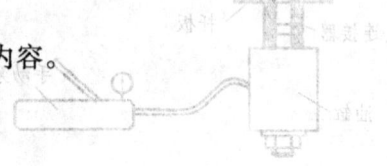

2. 检验喷射混凝土质量的主要指标有哪些？

3. 简述喷射混凝土强度的检测内容及测试方法。

4. 简述喷射混凝土厚度的检查方法。

5. 简述锚杆拉拔力检测时的注意事项。

参考答案

1. 简述公路隧道检测的内容。

答：公路隧道检测的内容有：原材料质量检测、工序检测（超前支护与预加固围岩施工质量检测、开挖质量检测、初期支护施工质量检测、防排水质量检测、施工监控量测、混凝土衬砌质量检测）、施工监控量测、施工环境检测（通风检测、照明检测）、交（竣）工检测等。

2. 检验喷射混凝土质量的主要指标有哪些？

答：喷射混凝土的质量检验指标主要有喷射混凝土的强度和喷射混凝土的厚度及喷射混凝土粉尘与回弹量等内容。

3. 简述喷射混凝土强度的检测内容及测试方法。

答：喷射混凝土强度包括抗压强度、抗剪强度、疲劳强度、黏结强度等。其中，抗压强度是表示喷射混凝土物理力学性能及耐久性的一个综合指标，工程实际中常用它作为喷射混凝土质量的重要指标。

测试方法：

（1）抗压试块的制作。

（2）喷射混凝土抗压强度合格判定。

试块的数量：隧道（两车道）每10延米至少在拱顶和边墙各取一组试样，材料和配合比变更时另取一组，每组至少取3个试块进行试验。

① 同批（指同一配合比）试块的抗压强度平均值，不低于设计强度或C20。

② 任意一组试块抗压强度平均值不得低于设计强度的80%。

③ 同批试块为3～5组时，低于设计强度的试块组数不得多于1组；试块为6～16组时，不得多于两组；17组以上，不得多于总组数的15%。

④ 检查不合格时，应查明原因并采取措施，可用加厚喷层或增设锚杆的办法予以补强。

4. 简述喷射混凝土厚度的检查方法。

答：喷射混凝土厚度指混凝土喷层至隧道围岩接触界面间的距离。施工中保证喷射混凝土的厚度是保证喷射混凝土质量的前提。所以，厚度也是喷射混凝土质量检验的一个重要指标。

喷层厚度可以用凿孔、激光断面仪或光带摄影等方法检查。凿孔检查时，宜在混凝土喷后8h以内，用短钎将孔凿出，发现厚度不够时可及时补喷加厚。采用凿岩机钻眼，若因喷射混凝土与围岩黏结紧密，颜色接近较难辨认喷层厚度时，可用酚酞试液涂抹孔壁，碱性混凝土即呈现红色。

5. 简述锚杆拉拔力检测时的注意事项。

答：锚杆拉拔力检测时的注意事项有：

① 安装拉力计时，其拉力作用线应与锚杆同心。

② 加载应匀速、缓慢，拉拔至预设计荷载即停止；设计无要求时，则不做破坏性试验。

③ 拉力计应固定牢靠，并必须有安全保护措施。

任务 5.2 围岩周边位移量检测和拱顶下沉量检测

学习目标：
了解围岩周边位移量和拱顶下沉量检测方法。

教学设计

	学习情境 5 隧道检测		总学时	4
任务 5.2	围岩周边位移量检测和拱顶下沉量检测		学 时	2
分组情况	大组：5 组		每组（人）	8～9
	小组：10 组			4～5
教学目标	知识目标	1. 了解围岩周边位移量检测项目及方法； 2. 了解拱顶下沉量检测项目及方法		
	能力目标	1. 具备独立学习、获取新知识的能力，有一定的逻辑思维能力、分析问题和解决问题的能力； 2. 具备与人交往、团队协作的能力，养成科学严谨的态度		
学习内容	1. 围岩周边位移量检测项目及方法； 2. 拱顶下沉量检测项目及方法			
教学方法	案例教学法、项目教学法、小组讨论法、引导文法、实践操作法			
教学资源	1. 欧阳志，《围岩周边位移量检测和拱顶下沉量检测》多媒体课件； 2. 欧阳志，《围岩周边位移量检测和拱顶下沉量检测》任务工作单； 3. 案例：一组试验检测数据的统计分析、处理和表达； 4. 刘超群主编，《道路工程试验与检测》，西南交通大学出版社，2014.8（参考书）			
需导入的技术标准	《数值修约规则与极限数值的表示和判定》（GB/T 8170—2008）[S]. 北京：中华人民共和国国家质量监督检验检疫总局、中国国家标准化管理委员会发布，2008. 《公路隧道施工技术规范》（JTG F60—2009）			

续表

教学条件	一体化教室、计算器、可以上网查资料的电脑工作台、有关规范和规程
重点： 1．围岩周边位移量测项目及方法； 2．拱顶下沉量测项目及方法	解决方案： 采用任务驱动的教学方法，给学生提供基础知识的认知引导和动手能力的训练，要求学生熟练掌握相关知识和能力
学生应具备的知识能力与素质	学生应具备桥梁结构认知和桥梁施工的相关知识
对教师的能力要求	1．课程相关的专业能力； 2．组织课堂的能力； 3．项目任务设计能力、项目组织经验、生产组织能力、协调与沟通能力等方法能力和社会能力
教学组织实施	1．下发学习任务工作单：先期给学生下发学习任务工作单，学生利用课余时间，利用教材、网络、参考资料等预习相关内容。 2．讲授新课：围岩周边位移量测项目及方法；拱顶下沉量测项目及方法。 3．项目准备：将全班学生以每组4~5人或8~9人进行分组，每组选出负责人1名。 4．下发任务：基础知识的认知项目，动手能力的训练项目。 5．制订计划：各小组负责人督促本组成员完成项目计划，并对小组成员进行任务分工。 6．项目实施：各小组长组织本小组同学讨论，确定计算办法；教师进行巡查，了解每小组的进度，督促各小组成员按计划积极参与任务的完成；各小组成员按分工的任务积极完成；教师对学生提出的问题进行指导，激发学生的学习动力；组长负责计算成果的汇总，并形成汇报材料。 7．项目展示：每个小组派一名代表对本组分析处理的过程、方法和结果进行相关说明，并接受其他组同学的提问。 8．项目评价：每个小组发放一份考核评价表，对除本组之外的其他组进行客观的评分。 9．教师点评：教师对每个小组的作品进行点评，充分肯定每个小组的成果，同时指出其存在的不足和需要改进的思路和方法，使学生能够真正有所提高，达到正确处理试验检测数据的能力。 10．项目完善：每组继续修改各自的试验数据，以进一步提高自身的操作水平

学生学习任务工作单

学习领域	道路工程试验与检测
学习情境	学习情境 5　隧道检测
任　务	任务 5.2　围岩周边位移量检测和拱顶下沉量检测
班　级	姓　名
学习小组	工作时间

任务描述

通过本学习情境的学习，要求学生能够做到：
1. 了解围岩周边位移量检测项目及方法；
2. 了解拱顶下沉量检测项目及方法。

引导文

【基础知识的认知】

1. 隧道结构有哪些组成部分？

2. 隧道施工监控量测的主要任务是什么？

3. 在隧道施工过程中，如何保证施工质量？

4. 为什么要保证隧道围岩的稳定性？

5. 隧道拱顶下沉控制的意义是什么？

【动手能力的训练】
1. 简述公路隧道检测的内容。

2. 隧道施工监控量测的主要任务是什么？常用的量测项目及方法有哪些？

3. 简述拱顶下沉量测的意义及量测方法？

请结合自己的认识，说出对桥梁工程检测学习情境的其他说明，列写出你们小组提出的其他问题：

任务学习其他说明或建议：

指导教师评语：

任务完成人签字：　　　　　　　　　　　　　　　日期：　　年　　月　　日
指导教师签字：　　　　　　　　　　　　　　　　日期：　　年　　月　　日

考核评价表

学习领域	道路工程试验与检测		学时：64学时		
学习情境5	隧道检测		学时：4学时		
任务5.2	围岩周边位移量检测 拱顶下沉量检测		学时：2学时		
班 级		姓 名			
学习小组		工作时间			
	评价指标	分值	学生自评	组员互评	教师评价
自主学习	1．是否课前预习	5			
	2．主动学习，积极分析	5			
	3．查阅资料、获取信息	10			
职业素养	4．团队意识、协作精神及对小组的贡献	5			
	5．沟通及表达能力	5			
	6．爱护仪器设备、遵守操作规程	10			
知识掌握程度	7．回答问题的准确性	5			
	8．小组讨论发言的积极性	5			
	9．学生提问的深度、积极性	10			
	10．汇报完整、思路清晰	10			
实践能力	11．检测试验方法的正确性	10			
	12．检测试验数据资料的完整性	10			
	13．检测结果的评定	10			
	小计	100			

试验指导书及报告

学习领域	道路工程试验与检测	
学习情境	学习情境 5　隧道检测	
任　务	任务 5.2　围岩周边位移量检测和拱顶下沉量检测	
班　级		姓　名	

一、试验目的和适用范围

拱顶是隧道周边上的一个特殊点、挠度最大，其位移情况具有较强的代表性。试验目的是为了了解断面变化情况，判断拱顶的稳定性，防止塌方。

二、仪器设备

试验的工具与设备主要有：
（1）精密水准仪
（2）钢卷尺

三、测点的布置

1. 测点的选择

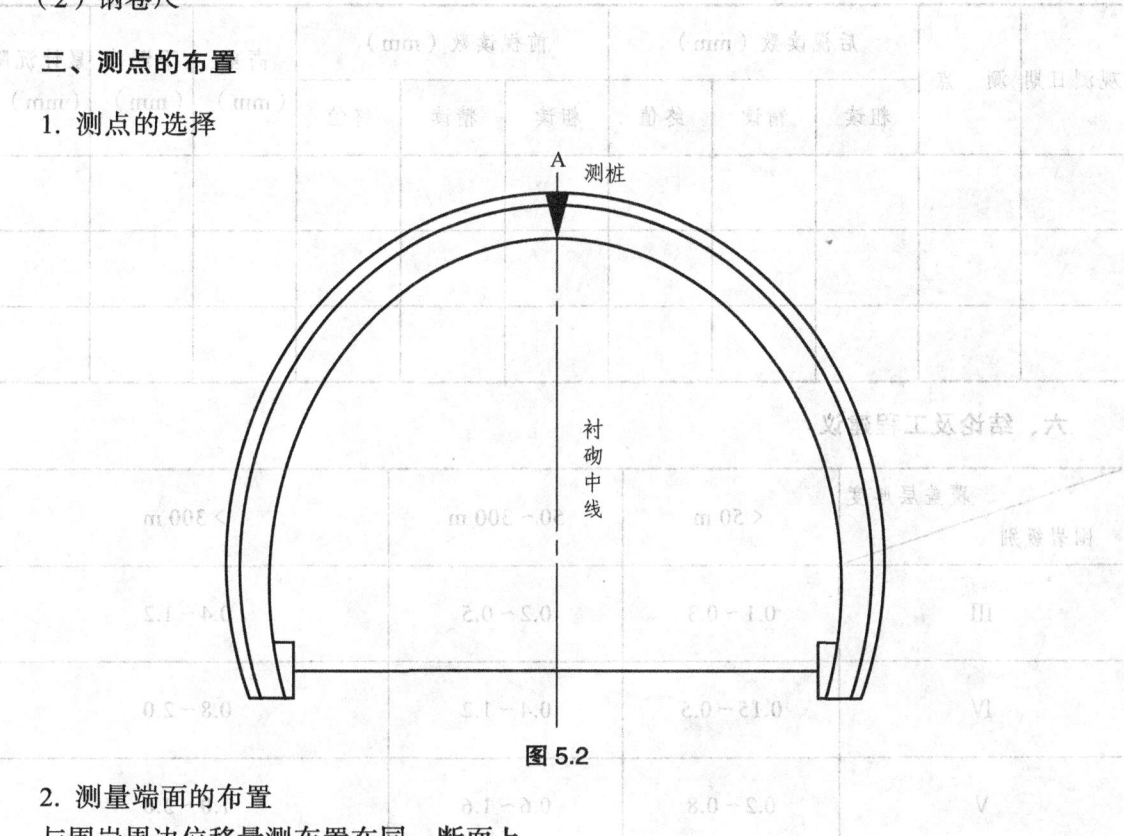

图 5.2

2. 测量端面的布置

与围岩周边位移量测布置在同一断面上。

四、测量方法

1. 测量操作

195

(1) 将水准仪安放在标准高程点和拱顶测点之间；

(2) 水准尺底端抵在标准高程点上，并将水准尺调整到水平位置，然后通过水准仪后视水准尺记下读数 H_1；

(3) 通过前视普通钢卷尺记下读数位 H_2。

2. 测量频率

隧道现场监控量测项目及量测方法表：

项目名称	方法及工具	布置	量测间隔时间			
			1~15天	16天~1个月	1~3个月	3个月以后
拱顶下沉	水平仪、钢卷尺	每10~50m一个断面，每断面3对测点	1~2次/天	1次/2天	1~2次/周	1~3次/月

五、试验结果整理及记录

观测日期	测点	后视读数（mm）			前视读数（mm）			高差（mm）	下沉差（mm）	累计沉降（mm）
		粗读	精读	终值	粗读	精读	终值			

六、结论及工程建议

围岩级别 \ 覆盖层厚度	<50 m	50~300 m	>300 m
Ⅲ	0.1~0.3	0.2~0.5	0.4~1.2
Ⅳ	0.15~0.5	0.4~1.2	0.8~2.0
Ⅴ	0.2~0.8	0.6~1.6	1.0~3.0

注：① 相对位移值是指实测位移值与两测点距离之比，或拱顶下沉与隧道宽度比；
② 脆性围岩取表中较小值，塑性围岩取表中较大值；
③ Ⅰ、Ⅱ、Ⅵ级围岩可按工程类比初步选定允许值范围；
④ 本表所列数值可在施工过程中通过实测和资料积累作适当修正。

课外作业

学习领域	道路工程试验与检测
学习情境	隧道工程检测
任　务 5.2	围岩周边位移量检测和拱顶下沉量检测

课外作业

1. 隧道施工监控量检测的主要任务是什么？常用的量测项目及方法有哪些？

2. 简述拱顶下沉量检测的意义及量检测方法。

3. 做好试验检测资料的整理和归档有何意义？

4. 进行试验检测资料的管理要注意哪些问题？

5. 项目试验室应建立的主要质量记录、报告有哪些内容？

197

参考答案

1. 隧道施工监控量测的主要任务是什么？常用的量测项目及方法有哪些？

答：隧道现场监控量测，包括隧道施工阶段与营运阶段控制量测和监控量测。控制量测主要检查隧道施工阶段和竣工验收后的隧道中线和净空断面的位置与尺寸是否符合设计要求。监控量测是检测隧道施工阶段和营运阶段围岩变化情况及支护结构的工作状况，及时提供围岩和支护结构的稳定程度，预见事故和险情，以便调整和修改支护结构。本节只介绍隧道施工阶段和营运阶段的围岩与支护结构的监控与量测。

施工监控量测的主要任务是：确保施工安全；预测和确认隧道围岩最终稳定时间，以指导施工顺序和做二次衬砌的时间；根据隧道开挖后所获得的量测信息，进行综合分析，检验和修正施工预设计；积累资料，作为其他工程设计与施工的参考资料。

量测项目与方法：施工监控量测的项目应根据隧道工程地质条件、围岩类别、围岩应力分布情况、隧道跨度、埋深、工程性质、开挖方法、支护类型等因素确定。

各类围岩量测项目见表 5.1，表中 A 类为必测项目，B 类为选测项目。隧道现场监控量测项目及量测方法见表 5.2。

表 5.1 各类围岩量测项目

类别	A			B						
	洞内观察	净空变位	拱顶下沉	地表下沉	围岩位移	锚杆轴力	衬砌应力	锚杆拉拔试验	围岩条件	洞内弹性波
硬岩Ⅲ~Ⅴ	***	***	***	*	*	*	*	*	*	*
软岩Ⅱ~Ⅲ	***	***	***	*	*	*	*	*	*	*
软岩Ⅰ~Ⅱ	***	***	***	*	***	**	*	**	*	*
土砂	***	***	***	***	***	*	*	*	***	*

表 5.2 隧道现场监控量测项目及量测方法

序号	项目名称	方法及工具	布置	量测间隔时间			
				1~15d	16d~1个月	1~3个月	大于3个月
1	地质和支护状况观察	岩性、结构面产状及支护裂缝观察或描述，地质罗盘等	开挖后及初期支护后进行	每次爆破后进行			
2	周边位移	各种类型收敛剂	每10~50m一个断面，每断面2~3个对测点	1~2 次/天	1 次/2 天	1~2 次/周	1~3 次/月
3	拱顶下沉	水平仪、水准仪、钢尺或测杆	每10~50m一个断面	1~2 次/天	1 次/2 天	1~2 次/周	1~3 次/月

续表

序号	项目名称	方法及工具	布置	量测间隔时间			
				1~15d	16d~1个月	1~3个月	大于3个月
4	锚杆或锚索内力及抗拔力	各类电测锚杆、锚杆测力计及拉拔器	每10m一个断面,每个断面至少做3根锚杆	—	—	—	—
5	地表下沉	水平仪、水准仪	每5~50m一个断面,每断面至少7个测点;每隧道至少两个断面;中线每5~20m一个测点	开挖面距量测断面前后<2B时,1~2次/天;开挖面距量测断面前后<5B时,1次/2天;开挖面距量测断面前后>5B时,1次/周			
6	围岩体内位移(洞内设点)	洞内钻孔中安设单点、多点杆式或钢丝式位移计	每5~100m一个断面,每断面2~11个测点	1~2次/天	1次/2天	1~2次/周	1~3次/月
7	围岩体内位移(地表设点)	地表钻孔中安设各类位移计	每代表性地段一个断面,每断面3~5个钻孔	同地表下沉要求			
8	围岩压力及两层支护间压力	各种类型压力盒	每代表性地段一个断面,每断面宜为15~20个测点	1~2次/天	1次/2天	1~2次/周	1~3次/月
9	钢支撑内力及外力	支柱压力计或其他测力计	每10榀刚拱支撑一对测力计	1~2次/天	1次/2天	1~2次/周	1~3次/月
10	支护、衬砌内应力、表面应力	各类混凝土内应力计、应力计、测缝计及表面应力解除法	每代表性地段一个断面,每断面宜为11个测点	1~2次/天	1次/2天	1~2次/周	1~3次/月
11	围岩弹性波测试	各种声波仪及配套探头	在有代表性地段设置	—	—	—	—

注:B为隧道开挖宽度,表中的1~4项为必测项目,5~11项为选择项目。

2. 简述拱顶下沉量测的意义及量测方法。

答:对于浅埋隧道,可由地面钻孔,用挠度计或其他仪表测定拱顶相对地面不动点的位移值。对于深埋隧道,可用拱顶变位计,将钢尺或收敛计挂在拱顶点作为尺标,后试点可设在稳定衬砌上,用水平仪进行观测。

拱顶是坑道周边上的一个特殊点,挠度最大,位移情况(绝大多数下沉,极少数抬高)具有较强的代表性。拱顶内壁的绝对下沉量称为拱顶下沉值,其量测也属位移量测。对于埋深较浅、固结程度低的地层、水平成层的场合,该量测比收敛量测更为重要,其量测数据是判断支护效果,指导施工工序,保证施工质量和安全的最基本的资料。

3. 做好试验检测资料的整理和归档有何意义？

答：试验检测资料是设计、施工、科学研究成果的重要记载；是进行竣工验收评定，编制竣工文件和试验技术总结的主要依据；也是作为工程质量事故调查分析的重要凭证，原始记录还是试验检测结果的真实记载，具有法律效力。

随着建筑市场的日趋完善，试验检测工作越来越被社会所重视，诸多建设单位为了规范项目试验室管理，减少项目试验室工作中的盲目性，提高项目试验室工作水平，要求施工企业的现场试验检测机构必须建立各项规章制度，具有独立工作能力，经过临时资质认证后，方可开展试验检测工作。

4. 进行试验检测资料的管理要注意哪些问题？

答：（1）试验检测原始记录是检查分析有关工程质量的依据，要按规定格式用黑色（蓝黑）墨水填写，字迹工整清晰。如确需更改，应在作废数据上划两条水平线，将正确数据填在水平线上方，加盖更改人印章或签名。

（2）试验检测报告是施工控制的重要技术依据，又是竣工验交的重要凭证，采用统一格式按规定和要求填写。发出的试验检测报告如发现有错误时，应重新补发一份更正，并注明所补发的试验检测报告编号，将原试验检测报告收回。

（3）试验检测原始记录应有试验者、复核者签名；试验检测报告应有试验者、复核者、项目主任签名并加盖专用章方可生效。经计量认证的试验检测项目，应加盖认证标志章，以保证试验检测报告的法律效力。试验检测资料保存期一般为工程移交后 5 年。

（4）各种试验检测表格应根据各类工程的不同要求，按有关工程的规定填写，使用法定计量单位，并妥善保存，列入竣工文件移交。

5. 项目试验室应建立的主要质量记录、报告有哪些内容？

答：项目试验室应建立的主要质量记录、报告有以下主要内容有：

（1）工程原材料及特种材料进场报验单、试验记录、报告；

（2）工程原材料及特种材料出厂合格证及厂家有关技术资料；

（3）不合格品处理报告；

（4）试验资料月、季、年统计表；

（5）水泥、钢材、混凝土（砂浆）抗压强度试验台账及砂、石料使用台账；

（6）收发文登记；

（7）受控文件清单，并对受控与否作出明显标识；

（8）试验资料分类管理，建立卷内目录和总目录；

（9）试验室文件、报告发放登记；

（10）试验人员档案（包括上岗证及证书号码）；

（11）仪器设备档案（包括使用说明书、检定证书、履历书、维修记录、周检计划）；

（12）试验仪器设备合格的供方资料及花名册；

（13）试验检测计划表；

（14）取样检验登记表；

（15）其他有关工程试验的记录报告。

学习情境 6　试验检测资料的整理和归档

任务 6.1　试验检测资料的整理和归档

学习目标：
1. 了解试验检测制度；
2. 了解文件资料管理制度；
3. 会建立项目试验室的主要质量记录、报告；
4. 掌握试验检测资料的标准化管理；
5. 掌握施工试验检测资料的编制、组卷。

教学设计

学习情境 6	试验检测资料的归档和整理		总学时	4
任务 6.1	试验检测资料的归档和整理		学　时	4
分组情况	大组：5 人	每组（人）	8~9	
	小组：10 人		4~5	
教学目标	知识目标	1．能够结合某工程实例掌握试验检测管理制度； 2．能进行各种试验数据检测资料的整理和归档		
	能力目标	1．具备独立学习、获取新知识的能力，有一定的逻辑思维能力、分析问题和解决问题的能力； 2．具备与人交往、团队协作的能力，养成科学严谨的态度		
学习内容	1．了解试验检测管理制度； 2．掌握试验检测资料的整理和归档			
教学方法	案例教学法、项目教学法、小组讨论法、引导文法、实践操作法			
教学资源	1．樊兴华，《道路工程试验与检测》多媒体课件； 2．刘超群，《道路工程试验与检测》任务工作单； 3．案例：一组试验检测资料的整理和归档； 4．刘超群主编，《道路工程试验与检测》，西南交通大学出版社，2014.8（参考书）			

续表

需导入的技术标准	《数值修约规则与极限数值的表示和判定》（GB/T 8170—2008）[S]. 北京：中华人民共和国国家质量监督检验检疫总局、中国国家标准化管理委员会发布，2008.
教学条件	一体化教室、计算器、可以上网查资料的电脑工作台、有关规范和规程
重点： 1．测量值误差产生的原因、分类和表示方法； 2．试验检测数据的统计分析 难点：试验检测数据的统计分析	解决方案： 引导学生通过对某实际工程试验检测管理制度的熟识和对检测资料的整理和归档，从而掌握试验检测管理制度的制订和检测资料整理、归档的方法
学生应具备的知识能力与素质	能够制订试验检测管理制度，能够对检测资料进行整理和归档
对教师的能力要求	1．课程相关的专业能力； 2．组织课堂的能力； 3．项目任务设计能力、项目组织经验、生产组织能力、协调与沟通能力等方法能力和社会能力
教学组织实施	1．下发学习任务工作单：先期给学生下发学习任务工作单，学生利用课余时间，利用教材、网络、参考资料等预习相关内容。 2．讲授新课：试验检测制度；文件资料管理制度；项目试验室应建立的主要质量记录、报告；试验检测资料的标准化管理；施工试验检测资料的编制、组卷。 3．项目准备：将全班学生以每组4~5人或8~9人进行分组，每组选出负责人1名。 4．下发任务：先期给学生下发学习任务工作单，学生利用课余时间，利用教材、网络、参考资料等预习相关内容。 5．制订计划：各小组负责人督促本组成员完成项目计划，并对小组成员进行任务分工。 6．项目实施：各小组长组织本小组同学讨论，确定计算办法；教师进行巡查，了解每小组的进度，督促各小组成员按计划积极参与任务的完成；各小组成员按分工的任务积极完成；教师对学生提出的问题进行指导，激发学生的学习动力；组长负责计算成果的汇总，并形成汇报材料。 7．项目展示：每个小组派一名代表对本组分析处理的过程、方法和结果进行相关说明，并接受其他组同学的提问。 8．项目评价：每个小组发放一份考核评价表，对除本组之外的其他组进行客观的评分。 9．教师点评：教师对每个小组的作品进行点评，充分肯定每个小组的成果，同时指出其存在的不足和需要改进的思路和方法，使学生能够真正有所提高，达到正确处理试验检测数据的能力。 10．项目完善：每组继续修改各自的检测资料，以进一步提高自身的操作水平

学生学习任务工作单

学习领域	道路工程试验与检测		
学习情境	学习情境6 试验检测资料的归档和整理		
任 务	任务6.1 试验检测资料的整理和归档		
班 级		姓 名	
学习小组		工作时间	

任务描述

通过本学习情境的学习,要求学生能够做到:
1. 掌握试验检测管理制度。
2. 掌握试验检测资料的整理与归档。

引导文

【基础知识的认知】

1. 做好试验检测资料的整理和归档有何意义?

2. 进行试验检测资料的管理要注意哪些问题?

3. 项目试验室应建立的主要质量记录、报告有哪些内容?

4. 对于检测过程中产生的原始记录有什么要求?

5. 测试得到的数据有什么格式要求？

6. 检验报告如何填写？

7. 试验检测资料的标准化管理中，原始记录表格主要内容应包括哪些？

8. 如何对桥梁工程施工试验检测资料进行组卷？

【动手能力的训练】
1. 为某高速公路工地试验室制订试验检测管理制度。

2. 建立某一级公路沥青路面项目试验室的主要质量记录、报告。

3. 按照试验检测资料的标准化管理的要求，提交一份混凝土立方体抗压强度试验报告，并建立试验报告借阅登记表。

4. 建立某预制箱梁场主要原材料及混凝土（砂浆）试验台账及地材使用明细表格。

5. 收集本门课程已做过试验的试验报告，对其中的路基工程施工试验检测资料进行组卷。

请结合自己的认识，说出对试验与检测数据处理学习情境的其他说明，列写出你们小组提出的其他问题：

任务学习其他说明或建议：

指导教师评语：

任务完成人签字： 日期： 年 月 日
指导教师签字： 日期： 年 月 日

考核评价表

学习领域课程	道路工程试验与检测		学时：64学时			
学习情境6	试验检测资料的整理和归档		学时：4学时			
任务6.1	试验检测资料的整理和归档		学时：4学时			
班　级		姓　名				
学习小组		工作时间				

	评价指标	分值	学生自评	组员互评	教师评价
自主学习	1．是否课前预习	5			
	2．主动学习，积极分析	10			
	3．查阅资料、获取信息	10			
职业素养	4．团队意识、协作精神及对小组的贡献	5			
	5．沟通及表达能力	5			
知识掌握程度	6．回答问题的准确性	5			
	7．小组讨论发言的积极性	10			
	8．学生提问的深度、积极性	10			
	9．汇报完整、思路清晰	10			
实践能力	10．得出数据的正确性	10			
	11．数据资料的完整性	10			
	12．数据资料的改进	10			
	小计	100			

课外作业

学习领域	道路工程试验与检测
学习情境	学习情境 6　试验检测资料的归档和整理
任　务	任务 6.1　试验检测资料的整理和归档

课外作业

1. 做好试验检测资料的整理和归档有何意义？

2. 进行试验检测资料的管理要注意哪些问题？

3. 项目试验室应建立的主要质量记录、报告有哪些内容？

参考答案

1. 答：试验检测资料是设计、施工、科学研究成果的重要记载；是进行竣工验收评定，编制竣工文件和试验技术总结的主要依据；也是作为工程质量事故调查分析的重要凭证，原始记录还是试验检测结果的真实记载，具有法律效力。随着建筑市场的日趋完善，试验检测工作越来越被社会所重视，诸多建设单位为了规范项目试验室管理，减少项目试验室工作中的盲目性，提高项目试验室工作水平，要求施工企业的现场试验检测机构必须建立各项规章制度，具有独立工作能力，经过临时资质认证后，方可开展试验检测工作。

2. 答：(1) 试验检测原始记录是检查分析有关工程质量的依据，要按规定格式用黑色（蓝黑）墨水填写，字迹工整清晰。如确需更改，应在作废数据上划两条水平线，将正确数据填在水平线上方，加盖更改人印章或签名。

(2) 试验检测报告是施工控制的重要技术依据，又是竣工验交的重要凭证，采用统一格式按规定和要求填写。发出的试验检测报告如发现有错误时，应重新补发一份更正，并注明所补发的试验检测报告编号，将原试验检测报告收回。

(3) 试验检测原始记录应有试验者、复核者签名；试验检测报告应有试验者、复核者、项目主任签名并加盖专用章方可生效。经计量认证的试验检测项目，应加盖认证标志章，以保证试验检测报告的法律效力。试验检测资料保存期一般为工程移交后5年。

(4) 各种试验检测表格应根据各类工程的不同要求，按有关工程的规定填写，使用法定计量单位，并妥善保存，列入竣工文件移交。

3. 答：项目试验室应建立的主要质量记录、报告有以下主要内容：
(1) 工程原材料及特种材料进场报验单、试验记录、报告；
(2) 工程原材料及特种材料出厂合格证及厂家有关技术资料；
(3) 不合格品处理报告；
(4) 试验资料月、季、年统计表；
(5) 水泥、钢材、混凝土（砂浆）抗压强度试验台账及砂、石料使用台账；
(6) 收发文登记；
(7) 受控文件清单，并对受控与否做出明显标识；
(8) 试验资料分类管理，建立卷内目录和总目录；
(9) 试验室文件、报告发放登记；
(10) 试验人员档案（包括上岗证及证书号码）；
(11) 仪器设备档案（包括使用说明书、检定证书、履历书、维修记录、周检计划）；
(12) 试验仪器设备合格的供方资料及花名册；
(13) 试验检测计划表；
(14) 取样检验登记表；
(15) 其他有关工程试验的记录报告。

附录 "道路工程试验与检测"课程标准

一、课程基本信息

课程编码	04313082	开设学期	第四学期
计划学时/学分	64学时/3.5学分	适用专业	道路桥梁工程技术专业
课程性质	\"道路工程试验与检测\"是道路桥梁工程技术专业的一门专业核心课。本课程以市场需求为导向,以能力培养为中心,主要培养学生道路工程试验检测和工程质量评定的能力,满足施工一线工程试验检测岗位的需求		
课程设计思路	本课程体系按照工作过程导向构建,充分利用铁路的行业优势,加强与企业合作,建立校企合作的教学机制,实现校企资源充分共享;采用行动导向的教学方法,构建能力培养与职业素质训导并重的教学模式		
课程目标	知识目标	1. 熟悉试验检测数据的处理; 2. 掌握路面基层、底基层材料检测及评定; 3. 掌握路面面层材料检测及评定; 4. 掌握路基检测及评定; 5. 掌握路面检测及评定; 6. 掌握桥梁隧道检测与评定	
	社会能力	1. 具备语言表达的能力; 2. 具备吃苦奉献的精神; 3. 具备爱岗敬业的职业道德	
	方法能力	1. 具备独立学习、获取新知识的能力; 2. 具备逻辑思维能力; 3. 具备分析问题和解决问题的能力	
	专业能力	1. 能查阅有关试验检测规范规程和试验报告; 2. 能进行各种试验数据的计算和处理工作,并得出准确的结论; 3. 能进行路面基层、路面检测; 4. 能进行桥梁和隧道检测; 5. 能进行试验检测资料的归档和整理	
教学内容	1. 试验检测数据的分析和处理; 2. 路基检测技术; 3. 路面材料检测技术和路面现场检测技术; 4. 桥梁检测技术; 5. 隧道检测技术; 6. 试验检测资料的归档和整理		

续表

	序号	情境描述	学时
学习情境划分	绪论	学生应对本门课程有大体了解	2
	学习情境1：试验检测数据的处理	引导学生根据一系列试验检测原始数据进行统计处理和表达，从而掌握试验检测数据的正确统计、分析、处理和表达的方法	4
	学习情境2：路基检测	引导学生根据试验步骤和方法安排试验，并能够进行路基检测的试验操作、数据处理和结果评定	14
	学习情境3：路面检测	引导学生根据试验步骤和方法安排试验，并能够进行路面材料检测和路面现场检测的试验操作、数据处理和结果评定	30
	学习情境4：桥梁检测	引导学生根据试验步骤和方法安排试验，并能够进行桥梁检测的试验操作、数据处理和结果评定	6
	学习情境5：隧道检测	引导学生根据试验步骤和方法安排试验，并能够进行隧道检测的试验操作、数据处理和结果评定	4
	学习情境6：试验检测资料的整理和归档	引导学生根据一系列试验检测原始数据进行统计处理和表达，从而掌握试验检测资料的整理和归档	4

学生应有基础及课程衔接	1. 应掌握的知识：识图、土木工程材料、公路施工、桥梁施工等方面的知识。 2. 在此课程之前应学习的专业课程：工程力学应用、测量技术应用、工程识图与CAD、土木工程材料试验与检测、钢筋混凝土结构计算、土力学与地基、路基路面施工Ⅰ、路基路面施工Ⅱ、桥梁下部施工、隧道施工。 3. 在此课程之后应学习的专业课程：公路养护与管理、专业英语、监理概论
课程与岗位技能证书对接	学完本课程后能获得试验员岗位技能证书或者该课程是获得试验员岗位技能证书的课程之一

考核评价	过程性考核	终结性考核
	30%	70%

教师要求	1. 课程相关的专业能力； 2. 课程相关的技术能力； 3. 解决现场实际问题的能力； 4. 项目任务设计能力、项目组织经验、生产组织能力、协调与沟通能力等方法能力和社会能力
推荐教材	填写格式为： 刘超群主编，道路工程试验与检测，西南交通大学出版社，2014.8. 李林军主编，公路工程试验检测技术实训指导书，西南交通大学出版社，2008.8.
编制依据	本标准依据《陕西铁路工程职业技术学院道路桥梁工程技术专业专业教学标准》制定

二、学习情境

学习情境 1：试验检测数据的处理　　　　　　　　　　　　　　　　学时：4 学时

表一　学习情境基本信息

课程目标	1．熟悉测定值的误差； 2．熟悉抽样检验； 3．掌握试验数据的统计方法； 4．掌握数据的处理方法和表达方法； 5．能进行各种试验数据的计算和处理工作，并得出准确的结论		
教学内容	1．测量值的误差； 2．抽样检验； 3．试验数据的统计方法； 4．数据的处理方法和表达方法		
教学任务设计	序号	任务描述	学时
	任务 1．试验检测数据的统计分析	1．了解测量值误差产生的原因、分类和表示的方法； 2．掌握抽样检验的方法； 3．会进行试验检测数据的统计分析	2
	任务 2．试验检测数据的处理和表达	1．能够进行数据的处理和表达	2
主要考核点	知识	1．能够进行各种试验数据的计算和处理工作，并得出准确的结论	
	能力	1．具备独立学习、获取新知识的能力，有一定的逻辑思维能力、分析问题和解决问题的能力； 2．具备与人交往、团队协作的能力，养成科学严谨的态度	
教学方法	案例教学法、项目教学法、小组讨论法、引导文法、实践操作法		
教学资料	需导入的技术标准	1．《数值修约规则与极限数值的表示和判定》（GB/T 8170—2008）[S]．北京：中华人民共和国国家质量监督检验检疫总局、中国国家标准化管理委员会发布，2008．	
	参考资料	1．樊兴华，《道路工程试验与检测》多媒体课件； 2．刘超群，《道路工程试验与检测》工作单； 3．案例：一组试验检测数据的统计分析、处理和表达； 4．刘超群主编，《道路工程试验与检测》，西南交通大学出版社，2014.8（参考书）	
	专业网站	标准技术网：http://www.bzjsw.com/ 监理监测网：http://bbs.3c3t.com/ 中国检测网：http://www.testinfo.cn/ 中国工程检测网：http://www.cngcjc.com/bbs/ 筑龙网：http://www.zhulong.com/	

表二　学习情境设计

学习任务	学时	教学方法建议	教学组织设计	成果资料
任务1：试验检测数据的统计分析	理论课2学时	案例教学法、讲授法、小组讨论法	结合某工程实例进行抽样检验，根据一系列试验检测原始数据进行统计	任务单、工作单引导文、汇报PPT、单项练习作业
任务2：试验检测数据的处理和表达	理论课2学时	案例教学法、讲授法、小组讨论法	结合某工程实例进行抽样检验，根据一系列试验检测原始数据进行处理和表达	任务单、工作单引导文、汇报PPT、单项练习作业

学习情境2：路基检测　　　　　　　　　　　　　　　　　　　　　　学时：14学时

表一　学习情境基本信息

课程目标	1．掌握路基压实度检测； 2．掌握路基强度检测； 3．掌握路基弯沉检测			
教学内容	1．土的击实； 2．路基压实度检测——挖坑灌砂法； 3．路基强度检测——CBR测定； 4．路基弯沉检测			
教学任务设计	序号	任务描述		学时
	任务1．土的击实	1．会进行土的击实		4
	任务2．路基压实度检测	1．会使用挖坑灌砂法测定路基压实度		5
	任务3．路基强度检测	1．会测定CBR		3
	任务4．路基弯沉检测	1．了解采用贝克曼梁测定路面弯沉的方法		2
实训条件	实训项目	实训所需主要仪器设备		所需实训场地
	项目1．土的击实试验	击实筒、脱模器、烘箱、电子天平		路基路面检测实训室
	项目2．挖坑灌砂法测定压实度	灌砂筒、金属标定罐、基板、玻璃板、试样盘、天平、量砂、含水率测定器具		道桥综合检测实训基地
	项目3．CBR测定	试筒、贯入杆、路面材料强度仪、百分表、多孔底板、荷载板、水槽、滤纸		路基路面检测实训室
主要考核点	知识	1．能够进行路基现场检测，并对试验数据进行分析处理，从而对结果进行质量评定		
	能力	1．具备独立学习、获取新知识的能力，有一定的逻辑思维能力、分析问题和解决问题的能力； 2．具备与人交往、团队协作的能力，养成科学严谨的态度		
教学方法	案例教学法、项目教学法、小组讨论法、引导文法、实践操作法			

续表

教学资料	需导入的技术标准	1.《公路路基路面现场测试规程》(JTG E60—2008)[S].北京：中华人民共和国交通运输部发布，2008. 2.《公路土工试验规程》(JTG E40—2007)[S].北京：中华人民共和国交通运输部发布，2007. 3.《公路工程质量检验评定标准 第一册 土建工程》(JTG F80/1—2004)[S].北京：中华人民共和国交通运输部发布，2004.
	参考资料	1．刘超群等，《道路工程试验与检测》多媒体课件； 2．李刚、樊兴华、欧阳志等《道路工程试验与检测》工作单； 3．刘超群主编，《道路工程试验与检测》，西南交通大学出版社，2014.8（参考书）； 4．李林军主编，《公路工程试验检测技术实训指导书》，西南交通大学出版社，2008.8
	专业网站	标准技术网：http：//www.bzjsw.com/ 监理监测网：http：//bbs.3c3t.com/ 中国检测网：http：//www.testinfo.cn/ 中国工程检测网：http：//www.cngcjc.com/bbs/ 筑龙网：http：//www.zhulong.com/

表二 学习情境设计

学习任务	学时	教学方法建议	教学组织设计	成果资料
任务1：土的击实	理论课2学时 实践课2学时	案例教学法 讲授法 小组讨论法	下发学习任务工作单→讲授新课→项目准备→下发任务书→制订计划→项目实施→项目展示→项目评价→教师点评→项目完善	任务单、工作单引导文、汇报PPT、单项练习作业
任务2：路基压实度检测	理论课2学时 实践课3学时	案例教学法 讲授法 小组讨论法	下发学习任务工作单→讲授新课→项目准备→下发任务书→制订计划→项目实施→项目展示→项目评价→教师点评→项目完善	任务单、工作单引导文、汇报PPT、单项练习作业
任务3：路基强度检测	理论课1学时 实践课3学时	案例教学法 讲授法 小组讨论法	下发学习任务工作单→讲授新课→项目准备→下发任务书→制订计划→项目实施→项目展示→项目评价→教师点评→项目完善	任务单、工作单引导文、汇报PPT、单项练习作业
任务4：路基弯沉检测	理论课2学时	案例教学法 讲授法 小组讨论法	下发学习任务工作单→讲授新课→项目准备→下发任务书→制订计划→项目实施→项目展示→项目评价→教师点评→项目完善	任务单、工作单引导文、汇报PPT、单项练习作业

学习情境 3：路面检测　　　　　　　　　　　　　　　　学时：30 学时
学习情境 3.1：路面材料检测及评定　　　　　　　　　　学时：16 学时

表一　学习情境基本信息

课程目标	1．熟悉活性氧化钙、氧化镁含量测定； 2．掌握水泥或石灰稳定土中石灰水泥剂量测定； 3．熟悉无机结合料稳定类材料的含水率和击实试验； 4．掌握无机结合料稳定类材料无侧限抗压强度试验		
教学内容	1．活性氧化钙、氧化镁含量测定； 2．水泥或石灰稳定土中石灰水泥剂量测定； 3．无机结合料稳定类材料的含水率和击实试验； 4．无机结合料稳定类材料无侧限抗压强度试验		
教学任务设计	序号	任务描述	学时
	任务1．活性氧化钙、氧化镁含量测定	1．能够进行活性氧化钙、氧化镁含量测定	4
	任务2．水泥或石灰稳定土中石灰水泥剂量测定	2．能够进行水泥或石灰稳定土中石灰水泥剂量测定	4
	任务3．无机结合料稳定类材料的含水率和击实试验	3．能够进行无机结合料稳定类材料的含水率和击实试验	4
	任务4．无机结合料稳定类材料无侧限抗压强度测定	4．能够进行无机结合料稳定类材料无侧限抗压强度测定	4
实训条件	实训项目	实训所需主要仪器设备	所需实训场地
	项目1．活性氧化钙、氧化镁含量测定	方孔筛、烘箱、滴定设备、分析天平、电炉、试剂瓶	分析化学实训室
	项目2．水泥或石灰稳定土中石灰水泥剂量测定	方孔筛、烘箱、滴定设备、分析天平、电炉、试剂瓶	分析化学实训室
	项目3．无机结合料稳定类材料无侧限抗压强度试验	击实筒、脱模器、电子天平、游标卡尺、水槽、路面强度试验仪	路基路面检测实训室
主要考核点	知识	1．能够进行路面基层、底基层材料检测，并对试验数据进行分析处理，从而对结果进行质量评定	
	能力	1．具备独立学习、获取新知识的能力，有一定的逻辑思维能力、分析问题和解决问题的能力； 2．具备与人交往、团队协作的能力，养成科学严谨的态度	
教学方法	案例教学法、项目教学法、小组讨论法、引导文法、实践操作法		
教学资料	需导入的技术标准	1．《公路工程无机结合料稳定类材料试验规程》（JTG E51—2009）[S]．北京：中华人民共和国交通运输部发布，2009. 2．《公路工程质量检验评定标准　第一册　土建工程》（JTG F80/1—2004）[S]．北京：中华人民共和国交通运输部发布，2004.	

续表

教学资料	参考资料	1．刘超群等，《道路工程试验与检测》多媒体课件； 2．李刚、樊兴华、欧阳志等《道路工程试验与检测》工作单； 3．视频：活性氧化钙、氧化镁含量测定、水泥或石灰稳定土中石灰水泥剂量测定、无机结合料无侧限抗压强度试验； 4．刘超群主编，《道路工程试验与检测》，西南交通大学出版社，2014.8（参考书）； 5．李林军主编，《公路工程试验检测技术实训指导书》，西南交通大学出版社，2008.8（试验指导书）
	专业网站	标准技术网：http://www.bzjsw.com/ 监理监测网：http://bbs.3c3t.com/ 中国检测网：http://www.testinfo.cn/ 中国工程检测网：http://www.cngcjc.com/bbs/ 筑龙网：http://www.zhulong.com/

表二　学习情境设计

学习任务	学　时	教学方法建议	教学组织设计	成果资料
任务1：活性氧化钙、氧化镁含量测定	理论课2学时 实践课2学时	案例教学法 讲授法 小组讨论法	下发学习任务工作单→讲授新课→项目准备→下发任务书→制订计划→项目实施→项目展示→项目评价→教师点评→项目完善	任务单、工作单引导文、汇报PPT、单项练习作业
任务2：水泥或石灰稳定土中石灰水泥剂量测定	理论课2学时 实践课2学时	案例教学法 讲授法 小组讨论法	下发学习任务工作单→讲授新课→项目准备→下发任务书→制订计划→项目实施→项目展示→项目评价→教师点评→项目完善	任务单、工作单引导文、汇报PPT、单项练习作业
任务3．无机结合料稳定类材料的含水率和击实试验	理论课2学时 实践课2学时	案例教学法 讲授法 小组讨论法	下发学习任务工作单→讲授新课→项目准备→下发任务书→制订计划→项目实施→项目展示→项目评价→教师点评→项目完善	任务单、工作单引导文、汇报PPT、单项练习作业
任务4．无机结合料稳定类材料无侧限抗压强度试验	理论课2学时 实践课2学时	案例教学法 讲授法 小组讨论法	下发学习任务工作单→讲授新课→项目准备→下发任务书→制订计划→项目实施→项目展示→项目评价→教师点评→项目完善	任务单、工作单引导文、汇报PPT、单项练习作业

学习情境 3.2：路面现场检测　　　　　　　　　　　　　　　　　　　学时：14 学时

表一　学习情境基本信息

课程目标	1. 掌握路面平整度检测； 2. 掌握路面抗滑性检测； 3. 掌握路面渗水检测			
教学内容	1. 路面平整度检测； 2. 路面抗滑性检测； 3. 路面渗水检测			
教学任务设计	序　号	任务描述		学　时
	任务1．路面平整度检测	1. 会用 3 m 直尺测定路面平整度； 2. 会用连续式平整度仪测定路面平整度		4
	任务2．路面抗滑性检测	1. 会用手工铺砂法和电动铺砂仪测定路面构造深度； 2. 会用摆式仪测定路面摩擦系数		8
	任务3．路面渗水检测	1. 会用渗水仪测定沥青路面的渗水系数		2
实训条件	实训项目	实训所需主要仪器设备		所需实训场地
	项目1．路面平整度检测	3 m 直尺、最大间隙测量器具、连续式平整度仪、牵引车、皮尺或测绳		道桥综合检测实训基地
	项目2．路面抗滑性检测	人工铺砂仪、量砂、量尺、电动铺砂仪、玻璃板、标准量筒、摆式仪、喷水壶		道桥综合检测实训基地
	项目3．路面渗水检测	路面渗水仪、水筒及大漏斗、秒表、密封材料		道桥综合检测实训基地
主要考核点	知识	1. 能够进行路面现场检测，并对试验数据进行分析处理，从而对结果进行质量评定		
	能力	1. 具备独立学习、获取新知识的能力，有一定的逻辑思维能力、分析问题和解决问题的能力； 2. 具备与人交往、团队协作的能力，养成科学严谨的态度		
教学方法	案例教学法、项目教学法、小组讨论法、引导文法、实践操作法			
教学资料	需导入的技术标准	1.《公路路基路面现场测试规程》（JTG E60—2008）[S]. 北京：中华人民共和国交通运输部发布，2008. 2.《公路工程质量检验评定标准　第一册　土建工程》（JTG F80/1—2004）[S]. 北京：中华人民共和国交通运输部发布，2004.		
	参考资料	1. 刘超群等，《道路工程试验与检测》多媒体课件； 2. 李刚、樊兴华、欧阳志等《道路工程试验与检测》工作单； 3. 刘超群主编，《道路工程试验与检测》，西南交通大学出版社，2014.8（参考书）； 4. 李林军主编，《公路工程试验检测技术实训指导书》，西南交通大学出版社，2008.8		
	专业网站	标准技术网：http://www.bzjsw.com/ 监理监测网：http://bbs.3c3t.com/ 中国检测网：http://www.testinfo.cn/ 中国工程检测网：http://www.cngcjc.com/bbs/ 筑龙网：http://www.zhulong.com/		

表二 学习情境设计

学习任务	学时	教学方法建议	教学组织设计	成果资料
任务1.路面平整度检测	理论课2学时 实践课2学时	案例教学法 讲授法 小组讨论法	下发学习任务工作单→讲授新课→项目准备→下发任务书→制订计划→项目实施→项目展示→项目评价→教师点评→项目完善	任务单、工作单引导文、汇报PPT、单项练习作业
任务2.路面抗滑性检测	理论课4学时 实践课4学时	案例教学法 讲授法 小组讨论法	下发学习任务工作单→讲授新课→项目准备→下发任务书→制订计划→项目实施→项目展示→项目评价→教师点评→项目完善	任务单、工作单引导文、汇报PPT、单项练习作业
任务3.路面渗水检测	理论课2学时	案例教学法 讲授法 小组讨论法	下发学习任务工作单→讲授新课→项目准备→下发任务书→制订计划→项目实施→项目展示→项目评价→教师点评→项目完善	任务单、工作单引导文、汇报PPT、单项练习作业

学习情境4：桥梁检测　　　　　　　　　　　　　　　　　　　　　　　学时：6学时

表一 学习情境基本信息

课程目标	1.掌握水泥混凝土强度试验检测； 2.了解地基承载力和钻孔灌注桩检测； 3.了解桥梁上部结构检测和桥梁荷载试验			
教学内容	1.水泥混凝土强度检测； 2.地基承载力和钻孔灌注桩检测； 3.桥梁上部结构检测			
教学任务设计	序号		任务描述	学时
	任务1.回弹法对水泥混凝土强度检测		1.能够使用回弹仪进行水泥混凝土强度检测	2
	任务2.地基承载力检测		1.了解地基承载力和钻孔灌注桩的各项检测	2
	任务3.桥梁上部结构检测		1.了解桥梁上部结构和荷载试验的检测	2
主要考核点	知识	1.能够进行桥梁现场检测，并对试验数据进行分析处理，从而对结果进行质量评定		
	能力	1.具备独立学习、获取新知识的能力，有一定的逻辑思维能力、分析问题和解决问题的能力； 2.具备与人交往、团队协作的能力，养成科学严谨的态度		
教学方法	案例教学法、项目教学法、小组讨论法、引导文法、实践操作法			
教学资料	需导入的技术标准	1.《公路桥梁承载能力检测评定规程》（JTG/T J21—2011）[S]. 北京：中华人民共和国交通运输部发布，2011		

续表

教学资料	参考资料	1．刘超群等，《道路工程试验与检测》多媒体课件； 2．李刚、樊兴华、欧阳志等《道路工程试验与检测》工作单； 3．刘超群主编，《道路工程试验与检测》，西南交通大学出版社，2014.8（参考书）； 4．李林军主编，《公路工程试验检测技术实训指导书》，西南交通大学出版社，2008.8
	专业网站	标准技术网：http://www.bzjsw.com/ 监理监测网：http://bbs.3c3t.com/ 中国检测网：http://www.testinfo.cn/ 中国工程检测网：http://www.cngcjc.com/bbs/ 筑龙网：http://www.zhulong.com/

表二　学习情境设计

学习任务	学　时	教学方法建议	教学组织设计	成果资料
任务1．回弹法对水泥混凝土强度检测	理论课2学时	案例教学法 讲授法 小组讨论法	下发学习任务工作单→讲授新课→项目准备→下发任务书→制订计划→项目实施→项目展示→项目评价→教师点评→项目完善	任务单、工作单引导文、汇报PPT、单项练习作业
任务2．地基承载力检测	理论课2学时	案例教学法 讲授法 小组讨论法	下发学习任务工作单→讲授新课→项目准备→下发任务书→制订计划→项目实施→项目展示→项目评价→教师点评→项目完善	任务单、工作单引导文、汇报PPT、单项练习作业
任务3．桥梁上部结构检测	理论课2学时	案例教学法 讲授法 小组讨论法	下发学习任务工作单→讲授新课→项目准备→下发任务书→制订计划→项目实施→项目展示→项目评价→教师点评→项目完善	任务单、工作单引导文、汇报PPT、单项练习作业

学习情境5：隧道检测　　　　　　　　　　　　　　　　　　　　学时：4学时

表一　学习情境基本信息

课程目标	1．喷射混凝土质量检测和锚杆检测； 2．围岩周边位移量检测和拱顶下沉量检测		
教学内容	1．混凝土质量检测和锚杆检测方法； 2．围岩周边位移量检测和拱顶下沉量检测方法		
教学任务设计	序号	任务描述	学时
	任务1．喷射混凝土质量检测和锚杆检测	1．了解喷射混凝土质量和锚杆检测	2
	任务2．围岩周边位移量和拱顶下沉量检测	1．了解围岩周边位移量和拱顶下沉量检测	2

续表

主要考核点	知识	1. 能够进行路面面层材料检测，并对试验数据进行分析处理，从而对结果进行质量评定
	能力	1. 具备独立学习、获取新知识的能力，有一定的逻辑思维能力、分析问题和解决问题的能力； 2. 具备与人交往、团队协作的能力，养成科学严谨的态度
教学方法		案例教学法、项目教学法、小组讨论法、引导文法、实践操作法
教学资料	需导入的技术标准	1.《公路路基路面现场测试规程》（JTG E60—2008）[S].北京：中华人民共和国交通运输部发布，2008. 2.《公路工程质量检验评定标准 第一册 土建工程》（JTG F80/1—2004）[S].北京：中华人民共和国交通运输部发布，2004.
	参考资料	1. 刘超群等，《道路工程试验与检测》多媒体课件； 2. 李刚、樊兴华、欧阳志等《道路工程试验与检测》工作单； 3. 刘超群主编，《道路工程试验与检测》，西南交通大学出版社，2014.8（参考书）； 4. 李林军主编，《公路工程试验检测技术实训指导书》，西南交通大学出版社，2008.8
	专业网站	标准技术网：http://www.bzjsw.com/ 监理监测网：http://bbs.3c3t.com/ 中国检测网：http://www.testinfo.cn/ 中国工程检测网：http://www.cngcjc.com/bbs/ 筑龙网：http://www.zhulong.com/

表二　学习情境设计

学习任务	学时	教学方法建议	教学组织设计	成果资料
任务1. 喷射混凝土质量检测和锚杆检测	理论课2学时	案例教学法 讲授法 小组讨论法	下发学习任务工作单→讲授新课→项目准备→下发任务书→制订计划→项目实施→项目展示→项目评价→教师点评→项目完善	任务单、工作单引导文、汇报PPT、单项练习作业
任务2. 围岩周边位移量检测和拱顶下沉量检测	理论课2学时	案例教学法 讲授法 小组讨论法	下发学习任务工作单→讲授新课→项目准备→下发任务书→制订计划→项目实施→项目展示→项目评价→教师点评→项目完善	任务单、工作单引导文、汇报PPT、单项练习作业

学习情境 6：试验检测资料的整理和归档 　　　　　　　　　　　　　　　　　学时：4 学时

表一　学习情境基本信息

课程目标	1．了解试验检测制度； 2．了解文件资料管理制度； 3．会建立项目试验室的主要质量记录、报告； 4．掌握试验检测资料的标准化管理； 5．掌握施工试验检测资料的编制、组卷			
教学内容	1．试验检测制度； 2．文件资料管理制度； 3．项目试验室的主要质量记录、报告； 4．试验检测资料的标准化管理； 5．施工试验检测资料的编制、组卷			
教学任务设计	序号		任务描述	学时
	任务1．试验检测资料的整理和归档		1．会编制试验检测制度； 2．会编制文件资料管理制度； 3．会建立项目试验室的主要质量记录、报告； 4．能进行试验检测资料的标准化管理； 5．能进行施工试验检测资料的编制、组卷	4
主要考核点	知识	1．能够进行各种试验数据的整理和归档工作，并能得出准确的结论		
	能力	1．具备独立学习、获取新知识的能力，有一定的逻辑思维能力、分析问题和解决问题的能力； 2．具备与人交往、团队协作的能力，养成科学严谨的态度		
教学方法	案例教学法、项目教学法、小组讨论法、引导文法、实践操作法			
教学资料	需导入的技术标准	1．《数值修约规则与极限数值的表示和判定》(GB/T 8170—2008) [S]．北京：中华人民共和国国家质量监督检验检疫总局、中国国家标准化管理委员会发布，2008.		
	参考资料	1．刘超群等，《道路工程试验与检测》多媒体课件； 2．李刚、樊兴华、欧阳志等《道路工程试验与检测》工作单； 3．案例：一组试验检测数据的整理和归档； 4．刘超群主编，《道路工程试验与检测》，西南交通大学出版社，2014.8（参考书）		
	专业网站	标准技术网：http://www.bzjsw.com/ 监理监测网：http://bbs.3c3t.com/ 中国检测网：http://www.testinfo.cn/ 中国工程检测网：http://www.cngcjc.com/bbs/ 筑龙网：http://www.zhulong.com/		

表二　学习情境设计

学习任务	学　时	教学方法建议	教学组织设计	成果资料
任务1．试验检测资料的整理和归档	理论课2学时 实践课2学时	案例教学法 讲授法 小组讨论法	下发学习任务工作单→讲授新课→项目准备→下发任务书→制订计划→项目实施→项目展示→项目评价→教师点评→项目完善	任务单、工作单引导文、汇报PPT、单项练习作业

三、"道路工程试验与检测"课程考核评价

学习情境（分值权重）		考核项目	评价标准	过程性考核（30%）	终结性考核（70%）
情境1：试验检测数据的处理（5%）	任务1：试验检测数据的统计分析	数据统计	考核评价表	平时/30%	
	任务2：试验检测数据的处理和表达	数据处理和表达	考核评价表	平时/30%	
情境2：路基检测（25%）	任务1：土的击实	击实操作	考核评价表	平时/30%	
	任务2．路基压实度检测	压实度测定过程	考核评价表	平时/30%	
	任务3．路基强度检测	CBR测定过程	考核评价表	平时/30%	
	任务4．路基弯沉检测	弯沉测定过程	考核评价表	平时/30%	
情境3.1：路面材料检测（25%）	任务1：活性氧化钙、氧化镁含量测定	活性氧化钙、氧化镁含量测定测定过程	考核评价表	平时/30%	考试/70%
	任务2：水泥或石灰稳定土中石灰水泥剂量测定	灰剂量测定过程	考核评价表	平时/30%	
	任务3．无机结合料稳定类材料的含水率和击实试验	含水率和击实测定过程	考核评价表	平时/30%	
	任务4．无机结合料稳定类材料无侧限抗压强度试验	无侧限抗压强度测定过程	考核评价表	平时/30%	
情境3.2：路面检测(25%)	任务1．路面平整度检测	仪器使用过程	考核评价表	平时/30%	
	任务2．路面抗滑性检测	仪器使用过程	考核评价表	平时/30%	
	任务3．路面渗水检测	仪器使用过程	考核评价表	平时/30%	

续表

学习情境（分值权重）	考核项目	评价标准	过程性考核（30%）	终结性考核（70%）
情境4：桥梁检测（10%）	任务1.回弹法对水泥混凝土强度检测	回弹法操作过程	考核评价表	平时/30%	
	任务2.地基承载力检测	仪器使用过程	考核评价表	平时/30%	
	任务3.桥梁上部结构检测	仪器使用过程	考核评价表	平时/30%	
情境5：隧道检测和锚杆检测（5%）	任务1.喷射混凝土质量检测	仪器使用过程	考核评价表	平时/30%	
	任务2.围岩周边位移量检测和拱顶下沉量检测	仪器使用过程	考核评价表	平时/30%	
情境6：试验检测资料的归档和整理（5%）	任务1.试验检测资料的整理和归档	仪器使用过程	考核评价表	平时/30%	

说明：课程无终结性考核，终结性考核权重为0%。

四、附录

可对课程标准中出现的一些主要术语进行解释和说明，便于使用者能更好地理解与把握。并可对标准制定和使用中的一些问题及建议做出说明